Radtouren für Langschläfer
Frankfurt

Die Kaiserstraße im floriерenden Frankfurter Bahnhofsviertel

Laura Bachmann

Radtouren für Langschläfer

FRANKFURT

30 kurze Radtouren
direkt vor der Haustür

Blick auf den Universitäts-campus Westend (TOUR 5)

Inhalt

STADTNATUR

Das Petrihaus im Rödelheimer Brentanopark (TOUR 12)

Auf der Mathildenhöhe in Darmstadt lassen sich faszinierende Jugendstil-Bauten betrachten (TOUR 18).

ORTE MIT GESCHICHTE

Unterwegs Richtung Hanau (TOUR 23): Vor Frankfurts Haustüre führen Radwege durch üppig grüne Wälder.

AM WASSER

AUF ABWEGEN

Diesen beeindruckenden Weitblick auf den Taunus hat man von Burg Königstein am Feldberg (TOUR 25).

Vorwort

Als ich 2009 zu Beginn meines Studiums nach Frankfurt zog, wurde mir schnell klar, dass ich jetzt ein Fahrrad brauchte. Vom Land kommend war ich während meiner Schulzeit doch immer auf Bus und Auto angewiesen – die relativ kurze Strecke zwischen meiner WG und der Innenstadt beziehungsweise dem Universitätscampus wollte ich ab jetzt hochmotiviert mit dem Fahrrad bestreiten! Ich legte mir ein rotes Citybike zu und radelte vom Gutleutviertel aus überall hin, wo ich hinmusste, und das meistens schön am Main entlang!

Die Autorin unterwegs in ihrer Lieblingsstadt

Frankfurt wirkt zwar vor allem durch die Skyline und die etlichen Pendler wie eine riesige Millionenstadt, hat aber mit rund 750 000 Einwohnern doch eher eine überschaubare Größe. Und genau das macht auch das Radfahren in dieser Stadt so angenehm: Jedes Ziel ist innerhalb einer durchaus angemessenen Zeit mit dem Radl zu erreichen! Auch wenn Frankfurt nicht den klassischen Ruf einer Fahrradstadt hat und teilweise doch viel Verkehr herrscht, lässt es sich sehr angenehm mit dem Fahrrad unterwegs sein.

Doch nicht nur, um von A nach B zu kommen, ist das Fahrrad ein super Wegbegleiter in Frankfurt; auch kleinere Ausflüge am Wochenende lassen sich so wunderbar gestalten! An der Nidda entlang oder am Main, durch die beliebten Wohnviertel Bornheim, Bockenheim oder Nordend, zu wunderschönen Badeseen oder dann doch mal weiter hinaus bis in den Taunus oder sogar nach Bayern! Meine liebsten Touren sind in diesem Buch zusammengetragen.

Ich hoffe, dass so viele Leute Lust bekommen, Frankfurt mit dem Fahrrad zu entdecken: die idyllischen und grünen Seiten der Stadt, das Umland, historische Besonderheiten, kulturelle Highlights und kulinarische Spezialitäten wie Handkäs und Ebbelwoi.

Ich wünsche viel Spaß beim Radeln und Genießen!

Laura Bachmann

Wissenswertes

»Frankfurt ist doch nicht schön!« Mit diesem Vorurteil werde ich leider häufig konfrontiert. Meist von Leuten, die noch nie in der lebendigen Mainmetropole waren.

Hört man Frankfurt, denkt jeder gleich an Banken, Hochhäuser und hektische Anzugträger. Doch Frankfurt hat viel mehr zu bieten, wenn man einmal gewillt ist, sich genauer umzuschauen und den Mikrokosmos, der vom Hauptbahnhof bis zu überfüllten Einkaufsstraßen reicht, zu verlassen. Nur wenige Straßen weiter befinden sich wunderschöne Wohnviertel mit bezaubernden Cafés, originellen Boutiquen und einer ganz entspannten Lebenskultur.

Aber Frankfurt ist nicht nur schön, Frankfurt ist auch grün. Ob am Main- oder Niddaufer, im Stadtwald, auf der GrünGürtel-Rundroute von insgesamt 64 Kilometern Länge oder in den zahlreichen Parkanlagen – hier kommt jeder Naturfreund auf seine Kosten. Zudem macht es auf dem Fahrrad mit Fahrtwind im Gesicht ja noch viel mehr Spaß, die Natur zu

Regionen

Urbane Umgebung: Zwischen Wolkenkratzern oder auf gemütlichen Flaniermeilen – Frankfurt pulsiert rund um die Uhr.
Stadtnatur: Die Stadt kann nicht nur hoch hinaus, sondern hat mit etlichen Parks und Grünflächen auch ein ruhige und idyllische Seite.
Orte mit Geschichte: Geschichtsunterricht auf dem Fahrrad: Frankfurt bietet so einige Zeitreisen – von der Römerzeit bis ins 20. Jahrhundert.
Am Wasser: Ob am Mainufer oder zum Badesee – wenn Wasser im Spiel ist, macht das Radeln gleich doppelt Spaß.
Auf Abwegen: Auch jenseits der Stadtgrenzen gibt es einiges zu erleben. Das Rhein-Main-Gebiet bietet sowohl kulturelle als auch landschaftliche Schönheiten.

Am Offenbacher Hafen steht der rot-weiß gestreifte Mainturm.

Der Eiserne Steg verbindet »Hibbdebach« und »Dribbdebach«.

genießen. Und weil Frankfurt trotz Skyline und interkulturellem Flair keine riesige Millionenstadt ist, funktioniert es hervorragend, die Mainmetropole auf dem Fahrrad zu erkunden.

Weitere Vorteile des Radelns: Man ist an der frischen Luft und auf zwei Rädern meist sogar schneller, als Bus und Bahn es ermöglichen. Bei Bedarf ist die Fahrradmitnahme in Verkehrsmitteln des Rhein-Main-Verkehrsverbundes (RMV) kostenfrei, und in der Fahrradsaison von Mai bis Ende Oktober verstärkt der RMV die Kapazitäten auf mehreren Freizeitlinien. Dann können an Wochenenden und Feiertagen in der Lahntal-, Rhön- und Niddertalbahn sowie auf der RheingauLinie wieder mehr Fahrräder mitgenommen werden.

Mit dem Radl ist man in Frankfurt auch nicht alleine: 45 334 Fahrräder wurden an einem einzigen Tag an ausgewählten innenstadtnahen Zählpunkten in nur acht Stunden gezählt (Stadtrandzählung 2018) und auf 1000 Bürgerinnen und Bürger kommen 830 Drahtesel! Wer nicht in Besitz eines eigenen Fahrrads ist, muss allerdings trotzdem nicht zu Fuß gehen, sondern kann sich bei Bike-Point, Byke, Call-a-Bike, LimeBike, Next Bike oder zahlreichen anderen Anbietern ein Radl mieten. Oder kann sich einmal ganz entspannt vom Velotaxi durch die Stadt kutschieren lassen.

Natürlich macht das Radfahren in der Freizeit noch viel mehr Spaß als auf dem Weg zur Arbeit, Uni oder Schule. Und die hier gesammelten Touren ermöglichen es, am Wochenende schön auszuschlafen, anstatt sich in aller Herrgottsfrühe mies gelaunt aus dem Bett zu quälen. Manche der Touren eignen sich sogar für Feierabende an einem schönen Sommertag. Die reine Fahrtzeit der Touren beschränkt sich auf 1 bis 3 Stunden. Allerdings kann man jede Tour nach Belieben ausdehnen und an den jeweiligen (Zwischen-)Zielen auch länger verweilen!

Das kann jeder so gestalten, wie er möchte. Auch die Routen sind nur Vorschläge von mir – wer davon abweichen möchte und eigene kleine Abstecher und Zwischenstopps einlegen will, der ist herzlich dazu eingeladen. Da jede der 30 Touren an einem Bahnhof oder einer Haltestelle beginnt und endet, kann man die jeweilige Strecke beliebig abkürzen oder verlängern. Dazu sollte man sich den RMV-Netzplan einmal genauer anschauen und kann so einfach ein paar Stationen früher beziehungsweise später starten oder die Tour beenden.

Da Frankfurt flächenmäßig nicht ganz so groß ist wie München oder Berlin, erfordern einige der Touren, dass man die Stadtgrenzen mal hinter sich lässt und sich ins Umland wagt. Aber gerade das macht es ja so spannend, und so hoffe ich, sogar eingefleischte Frankfurterinnen und Frankfurter an Orte zu führen, die sie noch nicht kannten.

Das Niddaufer lädt zur Entspannung ein.

Am Frankfurter Mainufer hat man die Skyline (fast) immer im Blick.

Ausrüstung

Die Touren sind alle mit einem Citybike zu bestreiten. Für keine braucht man ein Mountainbike oder Ähnliches. Das Rennrad sollte man allerdings nur auf den innerstädtischen Touren nutzen, da es bei allen anderen Routen doch vorkommen kann, dass man für größere Abschnitte den Asphalt verlässt.

Natürlich möchte auch ich betonen: Safety first! Deshalb lege ich jedem ans Herz, sich einen Fahrradhelm oder -Airbag zu besorgen. Zur weiteren Bekleidung kann ich nur empfehlen, auf den Wetterbericht zu hören und sich so zu kleiden, dass man bequem radeln kann. Auch wenn es an den Badesee geht, will man vielleicht keine 25 Kilometer in Flip-Flops radeln, sondern packt diese lieber zusammen mit den restlichen Badesachen in den ausreichend großen Rucksack oder die Fahrradtasche.

Bei jeder Tour sind genügend Möglichkeiten zur Einkehr angegeben. Dennoch empfiehlt es sich, etwas Proviant mitzunehmen, vor allem Wasser sollte man immer genügend dabeihaben. Manchmal kann es doch vorkommen, dass man eine halbe Stunde radelt, ohne an einem Bistro, Kiosk oder Supermarkt vorbeizukommen.

Für den Notfall sollte man auch immer ein kleines Pannenset mit Flickzeug bei sich haben. Dass eine Fahrradpumpe Pflicht ist, brauche ich ja nicht extra erwähnen!

An- und Abreise

Alle Touren starten und enden an oder in der Nähe von einem Bahnhof, einer U-Bahn-Station oder einer Bus- bzw. Tram-Haltestelle; für den Ausgangspunkt sind auch die GPS-Koordinaten angegeben. Es empfiehlt sich, dass man sich vor Start der Radtour auf jeden Fall mehrere Alternativen für die Rückreise notiert. So läuft man nicht Gefahr, sich während der Fahrt hetzen zu müssen. Dabei sollte man eben auch genügend Zeit einplanen, die Bademöglichkeiten zu nutzen, die Sehenswürdigkeiten zu bestaunen oder gemütlich einzukehren. Alles ganz ohne Stress und den individuellen Vorlieben entsprechend.

Der Frankfurter Hauptbahnhof im Zentrum ist einer der größten Verkehrsknotenpunkte Deutschlands.

Wer ein Smartphone besitzt, dem rate ich, die App des Rhein-Main-Verkehrsverbundes darauf zu laden (www.rmv.de, unter dem Link »Service«). So ist man, was die Rückreise betrifft, noch flexibler und kann sich ganz schnell eine passende Verbindung zurück nach Frankfurt aussuchen.

Informationen

Die Zeitangaben zur jeweiligen Tour beziehen sich auf die reine Fahrtzeit, die ich versucht habe, großzügig anzugeben. Wie lange man bei einem Zwischenstopp verweilt, wollte ich gerne jedem selbst überlassen. Deshalb rate ich, sich vor jeder Tour einen kleinen Plan zu machen, damit man weiß, wie viel Zeit man ungefähr für seine Langschläfer-Tour einkalkulieren sollte.

Öffnungszeiten oder Ruhetage der angegebenen Locations, wie Cafés, Restaurants oder Museen, sollten ebenfalls vor Fahrtbeginn noch einmal im Internet gecheckt werden – auch Frankfurt ist eine schnelllebige Stadt, sodass sich diese Informationen zu jeder Zeit ändern können.

Interessante Fakten zu Sehenswürdigkeiten, besonderen Plätzen oder Lokalitäten finden Sie bei jeder Tour in Hinweiskästen. Des Weiteren dienen die bei jeder Tour abgebildeten Karten der besseren Orientierung. So hat man immer einen groben Überblick über die Strecke. Wer es ganz genau wissen möchte, kann sich die GPX-Dateien auf sein Smartphone oder Navigationsgerät herunterladen.

Nun wurde genug geredet, jetzt wird losgeradelt – viel Spaß dabei!

Urbane Umgebung

Der imposante Campus Westend der Goethe-Universität (TOUR 5) (o. l.). Das Museum Giersch am Museumsufer (TOUR 2) (o. r.). Goetheplatz samt Statue des Dichterfürsten (TOUR 6) (u. r.). Auf der Terrasse des Weingutes Rollanderhof in der Kleinmarkthalle (TOUR 3) (u. l.).

1

Wasserhäuschen-Tour

Fahrt zu vier Frankfurter Kult-Kiosken

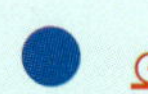   

Leicht 17 km 43/67 m 1.00 Std.

Tourencharakter
Die Strecke führt größtenteils durch die Stadt. Man bewegt sich auf sehr gut befahrbaren Straßen und Radwegen.

Ausgangs-/Endpunkt
U-Bahn-Station Seckbacher Landstraße, 60389 Frankfurt a. M. / Matthias-Beltz-Platz, 60318 Frankfurt a. M.

GPS
50.134432, 8.711868

Anfahrt
Mit der U-Bahn-Linie U4 vom Frankfurter Hauptbahnhof bis zur Station Seckbacher Landstraße. Rückfahrt mit der Tram ab Haltestelle Rohrbach-/Friedberger Landstraße

Einkehr
An den jeweiligen Wasserhäuschen finden die Fahrradfahrer alles, was ihr Herz begehrt.

Karte
Kompass: 3348 Frankfurt a. M. – Mainz – Rheinhessen, 1:70 000

Information
www.frankfurt-tourismus.de, Tel. 069/21 23 88 00

Eine Frankfurter Besonderheit, die sich über das ganze Stadtgebiet verteilt, sind die speziellen Einkaufskioske, auch »Wasserhäuschen« oder »Büdchen« genannt. Diese innerstädtische Radtour macht Halt an drei besonderen derartigen Kiosken und führt nebenbei durch den abwechslungsreichen Großstadtdschungel der Mainmetropole.

Gestartet wird an der Ⓐ **U-Bahn-Station Seckbacher Landstraße** im Stadtteil Bornheim. Von hier aus fährt man Richtung Norden auf der Seckbacher Landstraße, die in die Heinz-Herbert-Karry-Straße übergeht, und dann weiter auf der Arolser Straße, um gleich scharf links (auf der Arolser Straße bleibend) abzubiegen. Hier findet man auf der rechten Seite das ❶ **Snack-FM**, wo man sich für die noch kommenden Kilometer stärken darf. Das Büdchen, das sich sogar »Wasserhäuschen des Jahres 2014, 2016 und 2019« nennen darf, ist bekannt für deftige

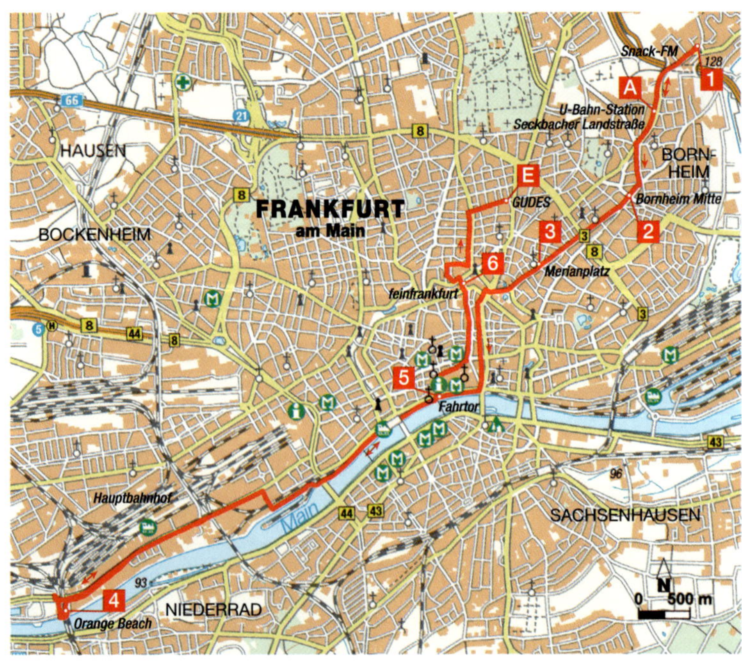

Leckereien und eine familiäre Atmosphäre. Wer sich traut, der beginnt die Radtour mit einem späten und herzhaften Rindswurst-Frühstück und genießt neben der deftigen Frankfurter Spezialität auch die Atmosphäre des bunten Treibens rund um den Kiosk.

Im Sommer ist das Mainufer ein beliebter Treffpunkt für Jung und Alt.

Die ordentliche Stärkung braucht man allerdings auch, da sich das nächste Ziel erst in neun Kilometern Entfernung befindet. Es geht zunächst zurück auf die Seckbacher Landstraße und nach knapp einem Kilometer dann weiter. Im Prüfling und auf der Neebstraße radelt man Richtung 2 **Bornheim Mitte**. Auf der Höhe der Gaststätte »Blauer Bock« biegt man links auf die Saalburgstraße und direkt im Anschluss rechts auf die Berger Straße. Auf der wunderschönen Flaniermeile mit zahlreichen Boutiquen und Cafés fährt man die Höhenstraße überquerend vorbei am 3 **Merianplatz** bis zur Friedberger Anlage. Dort biegt man links zum Friedberger Tor ab und fährt weiter Richtung Süden auf der Konrad-Adenauer-Straße, ab der Konstablerwache dann mainwärts auf der Kurt-Schuhmacher-Straße, um vor der Alten Brücke rechts auf den Mainkai abzubiegen.

Wasserhäuschen

Als Anlaufstelle für Groß und Klein sind sie aus der Stadtkultur nicht mehr wegzudenken und versorgen Passanten mit kühlen Getränken, kleinen Snacks oder süßen Verlockungen.

Im 19. Jahrhundert ließen Fabriken sogenannte Wasserhäuschen errichten, um ihre Arbeiter mit Mineralwasser zu versorgen. Im Laufe der Jahre wurde das Sortiment um Süßigkeiten, Zeitungen und alkoholische Getränke erweitert und ein wahrhafter Wasserhäuschen-Boom brach aus. So zählte die Stadt in den 1970er-Jahren rund 800 »Büdchen«, heute sind es nicht einmal halb so viele.

Aufgrund seiner Ähnlichkeit zu einem Apfelweinglas wird der Westhafentower von Einheimischen auch gerne »der Gerippte« genannt.

Rechts: Über den Eisernen Steig geht es über den Main

Wenn man den Eisernen Steg passiert hat, biegt man links ab und fährt direkt am idyllischen Mainufer entlang. Nach der Friedensbrücke wird der Westhafentower – von den Frankfurtern wegen seiner rautenförmigen Fenster auch gern »Gerippter« genannt – rechts umfahren. Nun radelt man geradeaus weiter auf dem Bachforellenweg durch den Westhafen bis zum Zanderweg. Auf diesen biegt man rechts ab und nach 200 Metern links auf die Gutleutstraße, auf der man dann circa 2 Kilometer bis kurz vor dem nächsten Wasserhäuschen-Zwischenstopp bleibt. Auf der Höhe der Hausnummer 391 geht es links auf einem Radweg Richtung Mainufer runter und kurz hinter der Eisenbahnbrücke befindet sich auch schon das 4 **Orange Beach**, die kleine Strandoase inmitten der Großstadt. Hier lohnt es sich, eine etwas längere Pause einzulegen und einmal richtig abzuschalten. Mit Blick auf den Main und – bitte Schuhe ausziehen – Sand zwischen den Zehen, stellt sich prompt richtiges Urlaubsfeeling ein.

Hat man die Seele lang genug baumeln lassen, nimmt man den gleichen Weg zurück bis zum Eisernen Steg bzw. zum Historischen Museum und begibt sich links auf einen kleinen Abstecher in die Altstadt: Es geht das 5 **Fahrtor** und den Römerberg hinauf bis zur Paulskirche und dann rechts weiter auf der Braubachstraße, um nach dem MMK links in die Fahrgasse abzubiegen. Auf Höhe der Konstablerwache überquert man die Zeil und fährt weiter auf der Großen Friedberger Straße bis zur Petersstraße, wo sich das nächste Zwischenziel befindet: 6 **feinfrankfurt**, das wohl schickste Wasserhäuschen der Metropole. Hier kann man in stilvoller Umgebung bei schmackhaften Kaffee- und Kuchenvariationen den Nachmittag genießen.

GUDES

»Ei Gude, ihr liebe Leut'!« Hier ist der Name Programm und ein jeder wird willkommen geheißen. Das beliebte Wasserhäuschen bietet quasi alles, was man eben so braucht: den morgendlichen Kaffee, das abendliche Bier und dazwischen ganz viel Herzlichkeit sowie Gastfreundschaft. Infos: www.gudes-frankfurt.de

Vom feinsten Wasserhäuschen führt die letzte, kurze Etappe dieser Tour zum definitiv coolsten Wasserhäuschen: dem GUDES. Man radelt die Petersstraße weiter und biegt rechts auf die Eschenheimer Anlage ab. Danach geht es links die Eckenheimer Landstraße hinauf ins Nordend. In die Neuhofstraße biegt man rechts ab und hat nach 400 Metern den Matthias-Beltz-Platz und das Ziel erreicht. Am E **GUDES** tummelt sich ab dem späten Nachmittag fast das ganze Viertel und genießt seinen Feierabend-Ebbelwoi.

Im Nordend lockt das GUDES mit leckeren Erfrischungen.

Malerviertel und Museumsufer

Auf zwei Rädern durch die Kunstgeschichte

Leicht 5 km 22/22 m 0.30 Std.

Tourencharakter
Rundfahrt durch ein Wohnviertel und entlang der Mainpromenade. Teilweise Fahrradwege vorhanden

Ausgangs-/Endpunkt
S-Bahnhof Stresemannallee, 60596 Frankfurt a. M.

GPS
50.094441, 8.671475

Anfahrt
Mit der S3 und S4 vom Frankfurter Hauptbahnhof zu Stresemannallee

Einkehr
Capuccino oder Espresso kann man im Café Fellini am Schweizer Platz genießen und später dem Holbein's im Städel einen Besuch abstatten, das tagsüber als erstklassiges Café auch feine Bistro-Küche anbietet und abends als anspruchsvolles Restaurant mit exquisiten Speisen aufwartet.

Karte
Kompass: 3348 Frankfurt a. M. – Mainz – Rheinhessen, 1:70 000

Information
www.frankfurt-tourismus.de, Tel. 069/21 23 88 00; www.museumsufer.de

Architektur- und Kunstgeschichte ohne Ende kombiniert mit Sightseeing am Wasser: Die Tour durch das berühmte Villenviertel, vorbei an acht Museen, lohnt sich für alle, die gerne ohne großen Aufwand tief in die Kunstgeschichte eintauchen möchten.

Los geht die Fahrt am Ⓐ **S-Bahnhof Stresemannallee**, und zwar auf der nördlichen Seite. Dieser Punkt markiert das südwestliche Ende des Malerviertels. Zunächst fährt man für etwa 100 Meter die Stresemannallee entlang Richtung Norden, um dann rechts in die Oscar-Sommer-Straße abzubiegen. Auf dieser bleibt man für 250 Meter bis zu einem Kreisverkehr, den man an der ersten Ausfahrt Richtung Burnitzstraße verlässt. Nach weiteren 250 Metern biegt man links in die Achenbachstraße ab. Auf der rechten Seite sieht man nun die Kirche ❶ **St. Bonifatius**, die leicht an ihrer roten Klinkerfassade und dem charakteristischen sechseckigen Turm zu erkennen ist. Sie

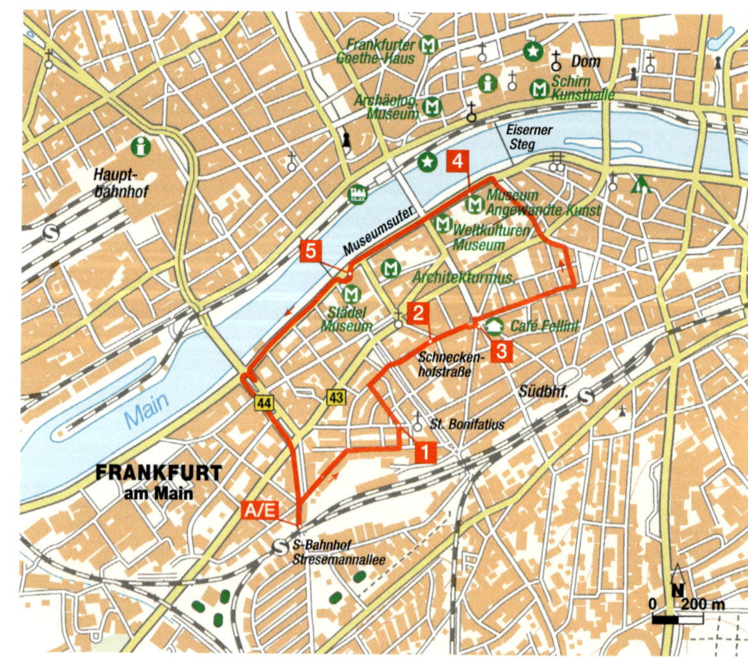

wurde 1926 vom Frankfurter Architekten Martin Weber im Stil des sogenannten Klinkerexpressionismus entworfen.

Das Restaurant Holbein's im Städel Museum

Von hier aus kreuzt man in nördlicher Richtung die Thorwaldsenstraße und fährt am gleichnamigen Platz entlang weiter auf die Böcklinstraße. Nach etwa 200 Metern trifft man auf die Passavantstraße, auf die man nach rechts, also Richtung Osten abbiegt. Kurz darauf überquert man die Holbeinstraße und radelt auf der **Schneckenhofstraße** immer weiter, über den 2 **Kreisverkehr**, bis zum Schweizer Platz. Wer jetzt schon

Links: Die Kirche St. Bonifatius im Stadtteil Sachsenhausen wurde in den 1920er-Jahren von Martin Weber entworfen.

Museumsufer

Ähnlich wie das Museumsquartier in Wien oder die Museumsinsel in Berlin bezeichnet das Museumsufer Frankfurt einen Verbund von mehreren Museen am oder in der Nähe des Mainufers. Das Logo zeigt symbolisch die sieben Brücken, die entlang des Museumsufers den Fluss überspannen. Will man mehrere der Museen besuchen, lohnt sich das Museumsuferticket (Zwei-Tages-Ticket: 21 €) für vergünstigten Eintritt in die 34 teilnehmenden Museen. Für häufigere Besuche gibt es darüber hinaus die ganzjährig gültige Museumsufercard (Jahreskarte: 95 €). Weitere Infos: www.museumsufer.de

das Bedürfnis nach einem richtig guten Cappuccino verspürt, dem sei das charmante 3 **Café Fellini** ans Herz gelegt, das sich zwischen Disterweg- und Gutzkowstraße befindet und bei dem man auch sehr gut draußen sitzen und das Treiben auf dem Schweizer Platz beobachten kann.

Frisch gestärkt lässt man nun zunächst das Malerviertel hinter sich und fährt entlang der Gutzkowstraße circa 400 Meter weiter, bevor man links in die Bodenstedtstraße abbiegt. Dieser folgt man, bis man auf die Schifferstraße trifft, auf die man linker Hand einbiegt, also in Richtung Norden. Nun bleibt man für weitere 400 Meter auf der Schifferstraße, überquert dabei die Walter-Kolb-Straße und erreicht schließlich das Mainufer ungefähr auf Höhe des Eisernen Stegs.

Auch im Garten des Städels werden großartige Kunstobjekte und Installationen ausgestellt.

Der futuristische Bau des Museums für Kommunikation am Schaumainkai

Links: Im romantischen Garten des Museums Giersch

Dann kann nun auch die Museumstour losgehen! Für das erste Museum muss man nicht einmal sein Fahrrad besteigen – es liegt genau gegenüber auf der anderen Straßenseite: das 4 Museum Angewandte Kunst. Weiter geht es den Schaumainkai unter den Platanen entlang Richtung Westen, wo schon nach 100 Metern das Weltkulturen Museum wartet, dessen Sammlungen ethnologische Objekte aller Kontinente umfassen. Auf Höhe der Untermainbrücke folgt auch gleich das Deutsche Filminstitut und Filmmuseum. Ab jetzt befindet man sich auch wieder im Malerviertel. Als Nächstes trifft man auf das Deutsche Architekturmuseum sowie das Museum für Kommunikation, bevor man schließlich – zwischen Dürer- und Holbeinstraße – am 5 Städel Museum, einem der bedeutendsten Kunstmuseen Deutschlands, ankommt. Nach dem Städel folgen am Museumsufer noch die Skulpturensammlung Liebieghaus und das Museum Giersch der Goethe-Universität, das als Ausstellungshaus Leihgaben aus öffentlichem und privatem Besitz und aus sämtlichen Bereichen der Kunst präsentiert.

Nun kann man die kunstgeschichtliche Rundfahrt beenden, indem man einfach auf dem Schaumainkai das letzte Stückchen bis zur Friedensbrücke weiterradelt und dann auf der Stresemannallee in Richtung Süden die etwa 800 Meter bis zum Ausgangspunkt am E S-Bahnhof Stresemannallee zurückfährt.

Städel

Das Städel Museum wurde 1815 von dem Bankier und Kaufmann Johann Friedrich Städel als bürgerliche Stiftung gegründet. Die Sammlung umfasst an die 700 Jahre europäische Kulturgeschichte bis heute, darunter Werke von Albrecht Dürer, Sandro Botticelli, Claude Monet, Pablo Picasso, Ernst Ludwig Kirchner und Gerhard Richter. Öffnungszeiten: Di, Mi, Sa, So 10–19 Uhr, Do, Fr 10–21 Uhr; weitere Infos: www.staedelmuseum.de

3 Für Feinschmecker

Radtour durch das kulinarische Frankfurt

Leicht 17 km 41/41 m 1.30 Std.

Tourencharakter
Auf dieser Strecke fährt man auf gut befahrbaren Radwegen durch die Frankfurter Innenstadt.

Ausgangs-/Endpunkt
Ostbahnhof, 60594 Frankfurt a. M./Lokalbahnhof, 60594 Frankfurt a. M.

GPS
50.112459, 8.707071

Anfahrt
Mit der U6 zum Ostbahnhof. Rückfahrt vom Lokalbahnhof mit der S-Bahn

Einkehr
Das leibliche Wohl steht bei dieser Tour klar im Vordergrund. Wer sich neben den einzelnen Stationen noch etwas Gutes tun will, dem sei das Strandcafé in der Koselstraße empfohlen.

Karte
Kompass: 3348 Frankfurt a. M. – Mainz – Rheinhessen, 1:70 000

Information
www.frankfurt-tourismus.de, Tel. 069/21 23 88 00

Sport und Schlemmen passt nicht zusammen? Doch! Vor allem auf dieser speziellen Radtour durch die hessische Metropole, denn hier wird Halt gemacht an den besten Einkaufsmöglichkeiten für feine Leckereien. Wer da nicht zuschlägt, ist selbst schuld …

Ausgangspunkt ist der Frankfurter **A Ostbahnhof**, von dem aus man auf der Grusonstraße Richtung Hanauer Landstraße fährt, auf die man dann links abbiegt. Nach 1,6 Kilometern erreicht man bereits das erste Ziel: **1 Me.Ta.**, einen riesigen italienischen Feinkost-Supermarkt. Flaniert man darin durch die Regale, vergisst man glatt, dass man sich in Frankfurt befindet, und fühlt sich wie im Italienurlaub. Vorrausschauend hat man einen Rucksack und/oder Fahrradkorb bzw. -packtaschen mit genügend Stauraum dabei, um bei dieser Tour fleißig einkaufen und sich auch noch später an den Mitbringseln erfreuen zu können.

Avanti, avanti – weiter geht es denselben Weg zurück zum **A Ostbahnhof** und dann in die Ostparkstraße am gleichnamigen Park entlang bis zur Kreuzung zum Ratsweg, den man am Fußgängerübergang überquert. Dann fährt man links,

Umweltbewusstes Einkaufen ermöglicht der Unverpackt-Laden gramm.genau.

vorbei an der U-Bahn-Station Eissporthalle/Festplatz und weiter bis zur U-Bahn-Station Bornheim Mitte, wo man links auf die beliebte Berger Straße einbiegt. Dieser folgt man bis zur Schopenhauerstraße, in die rechts abgebogen wird. An der zweiten Kreuzung geht es links in die Burgstraße und gleich darauf rechts in die Vogelsbergstraße, wo in Hausnummer 17 mit 2 **Feine Emma Delikatessen** der zweite köstliche Zwischenstopp auf die fleißigen Radler wartet.

Blick auf den 2015 eröffneten EZB-Bau im Frankfurter Ostend

Hat man sich an der leckeren Auswahl von Feine Emma sattgesehen beziehungsweise -gegessen, fährt man links, auf der Günthersburgallee Richtung Friedberger Platz, überquert die Friedberger Landstraße und radelt in die Koselstraße und

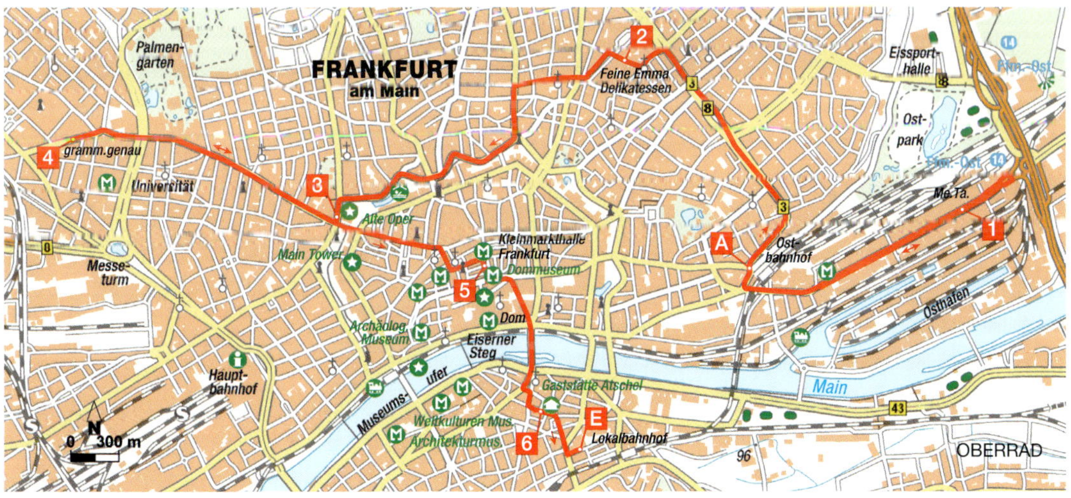

Die Bockenheimer Warte

Rechts: Auf der sogenannten Fressgass' findet man allerlei Köstlichkeiten.

somit durch das wunderschöne Nordend. An der Eckenheimer Landstraße fährt man links Richtung Innenstadt, an der Eschenheimer Anlage rechts, an der Grünanlage entlang. Die Eschersheimer Landstraße überquerend geht es weiter auf der Bockenheimer Anlage an der ❸ **Alten Oper** vorbei rechts auf die Bockenheimer Landstraße. Somit fährt man in das Univiertel ein. An der Bockenheimer Warte in die Adalbertstraße abbiegend findet man in Hausnummer 11 ❹ **gramm.genau**, »den« Unverpackt-Laden Frankfurts. Hier kann man sich ausgezeichnet über das Konzept des müllfreien Einkaufens informieren und anschließend noch Kaffee und selbst gemachte Kuchen genießen.

Im Anschluss geht es direkt weiter zum nächsten Ziel. Man fährt über die Bockenheimer Landstraße zurück zur ❸ **Alten Oper** und überquert den Opernplatz in die sogenannte »Fressgass'« bis zur Hauptwache. Nach wenigen Metern auf der Zeil biegt man rechts in die Liebfrauenstraße ab, am Liebfrauenberg links in die Töngesgasse und rechts in die Hasengasse, wo man die ❺ **Kleinmarkthalle Frankfurt** betreten kann. Hier sollte man auf jeden Fall etwas Zeit einplanen, um die zahlreichen regionalen wie exotischen Delikatessen in Ruhe bestaunen und probieren zu können.

Die Tour wird anschließend auf der Hasengasse fortgesetzt: Am MMK (Museum für Moderne Kunst) biegt man links auf die Berliner Straße

Fressgass'

Die Große Bockenheimer Straße und die Kalbächer Gasse zwischen Opernplatz und Rathenauplatz wird im Volksmund nur »Fressgass'« genannt. Bereits seit über 100 Jahren reihen sich hier Delikatessenläden und Gastronomie aneinander. Infos: www.frankfurt-fressgass.de

ab, um gleich danach rechts in die Fahrgasse einzufahren. Dieser folgt man bis zum Mainufer, überquert auf der Alten Brücke den Main sowie Maininsel. In Sachsenhausen – oder »Dribbdebach«, wie der Frankfurter sagt – angekommen, biegt man an der zweiten Möglichkeit links in die Elisabethstraße ab. Hier geht es gleich darauf rechts in die Brückenstraße und danach wiederum links in die Wallstraße. Dort kehrt man in Hausnummer 7, der traditionsreichen 6 **Gaststätte Atschel**, ein und lässt in der Apfelwein-Wirtschaft den Feinschmeckertag bei einem gemütlichen »Schoppen« und Frankfurter Spezialitäten ausklingen.

Bei traditionellem Frankfurter Essen im Gasthaus Atschel lässt sich der Tag bestens ausklingen.

Am Ende der Wallstraße rechts abbiegend und nach ein paar Hundert Metern auf der Darmstadter Straße links in die Heisterstraße kommt man schließlich zum E **Lokalbahnhof**.

Links: In der Kleinmarkthalle findet man alles, was das kulinarische Herz höherschlagen lässt.

Kleinmarkthalle

Über 60 Stände mit feinsten Lebensmitteln machen die Kleinmarkthalle zu einem wahren Schlaraffenland im Herzen Frankfurts. Nach erfolgreichem Einkauf ist es besonders schön, auf der Galerie mit Terrasse des Weinguts Rollanderhof ein Gläschen zu genießen. Infos: www.kleinmarkthalle.de

4 Zum Alten Flugplatz

Saftige Wiesen und heißer Asphalt

Leicht 13 km 34/17 m 1.00 Std.

Tourencharakter
Die Strecke ist Teil des Niddaradweges. Man bewegt sich auf überwiegend befestigten Wegen. Die Tour ist auch für ungeübte Fahrer zu meistern.

Ausgangs-/Endpunkt
Bahnhof Rödelheim, 60489 Frankfurt a. M. / Bahnhof Frankfurt-Berkersheim, 60435 Frankfurt a. M.

GPS
50.124512, 8.607258

Anfahrt
Vom Frankfurter Hauptbahnhof mit der S3/S4/S5 Richtung Bad Soden/Kronberg/Friedrichsdorf. Rückfahrt vom S-Bahnhof in Berkersheim mit der S-Bahn-Linie S6

Einkehr
Direkt am Alten Flugplatz lädt das Tower Café zur Rast ein.

Karte
Regionalpark RheinMain (Hrsg.): Freizeitkarte Niddaroute von der Quelle bis zur Mündung, 1:50 000

Information
www.frankfurt-tourismus.de, Tel. 069/21 23 88 00

Wenn man sich nicht zwischen Stadt und Natur entscheiden will, sollte man einen Ausflug in den Norden Frankfurts wagen. Der Radweg an der Nidda führt durch weite Wiesen sowie durch urbane Umgebung. Am Alten Flugplatz Bonames lädt ein kleines Kulturzentrum zum Verweilen ein.

Die Tour beginnt am **A Bahnhof Rödelheim**, genauer gesagt am Baruch-Baschwitz-Platz. Von dort geht es gegenüber in die Radilostraße, bis man auf die Reichsburgstraße trifft. Hier radelt man rechts Richtung Solmspark und überquert dabei die Nidda. Anschließend fährt man links **1 Auf der Insel** auf den Radweg, um 200 Meter weiter erneut die Uferseite zu wechseln. Am Friedel-Schomann-Weg biegt man rechts auf den Radweg ein und fährt von nun an gemütlich am Niddaufer entlang. Nach etwas mehr als fünf Kilometern, nachdem man unter der A 44 hindurchgefahren ist, macht der Radweg einen kleinen Schlenker nach links vom Ufer weg, führt aber gleich darauf wieder direkt an den Fluss. In nordöstlicher Richtung geht es durch die Stadtteile Hausen und Praunheim, am Steinbach vorbei und die Nordweststadt passierend.

Auf der Höhe der U-Bahn-Station Römerstadt befindet sich an der Hadrianstraße eine Minigolfanlage, die zu einer spielerischen Pause einlädt. Schon bald erreicht man Heddernheim, wo man zwischen Sportgelände und **2 Freibad Eschersheim** wieder die Uferseite wechselt. Nach ungefähr zwei Kilometern fährt man links über die Niddabrücke und kann auf der anderen Seite das Frankfurter GrünGürtel-Tier (siehe S. 78) bestaunen, das eine Kreuzung aus Schwein, Molch und Star darstellen soll. Die originelle Bronzeplastik stammt von Robert Gernhardt, einem Mitbegründer der Neuen

Frankfurter Schule. Wenige Meter weiter hat man das Highlight dieser Tour, den ❸ **Alten Flugplatz** in Bonames, bereits erreicht. Der Name leitet sich vermutlich von der römischen »bona mansio« ab, was lateinisch so viel wie »gute Raststätte« meinte. Und in der Tat lässt es sich hier wunderbar im Tower Café einkehren. Auch der Flughafen selbst ist einige Blicke wert und kann allemal mit dem stillgelegten Tempelhofer Flughafen mithalten. Als Militärflugplatz der US Army diente er zuletzt 1992. Jetzt ist er Freifläche für Sport und Freizeit, Kultur und Kunst, beherbergt ein trickreiches Weidenlabyrinth und ein Feuerwehrmuseum.

Nach diesem Zwischenstopp geht es wieder vorbei am niedlichen Grün-Gürtel-Tier. Hinter der Brücke folgt man weiter dem Radweg am Südufer der Nidda bei Bonames bis zum Nordpark, wo man – wenn man auf der Homburger Landstraße wieder das Ufer wechselt – noch ein Päuschen einlegen kann. Hat man sich dann doch entschieden, diese schöne Landschaft zu verlassen und weiterzuziehen, so fährt man die Homburger Landstraße wieder zurück auf den Radweg und am südlichen Ufer der Nidda bis nach **Berkersheim**, wo man sich rechts Richtung Ⓔ **Bahnhof** orientiert und so mit der S-Bahn wieder in die Innenstadt gelangt.

Tower Café am Alten Flugplatz

Früher ein echter Militärflughafen-Tower, heute ein Ort für Kultur und Gesellschaft: Direkt am Alten Flugplatz befindet sich im ehemaligen Kontrollturm das Tower Café, ein gemütlicher Platz im Frankfurter GrünGürtel, das eine gute Möglichkeit zum Austausch mit anderen Radsportfans bietet. Wer mehr möchte als nur Essen und Rasten, findet dort auch Ausstellungen, Märkte und Konzerte. Info: www.tower-cafe.de

Oben rechts: Im ehemaligen Kontrollturm findet man heute das Tower Café.

Linke Seite: Der Alte Flugplatz Bonames samt rot-weißem Towergebäude

5 Die Campustour

Von Bockenheim übers Westend bis Riedberg

Leicht 11 km 81/46 m 1.00 Std.

Tourencharakter
Abwechslungsreiche Einweg-Radtour von Campus zu Campus. Auf meist befestigten Wegen führt die Strecke an den Lernzentren der Goethe-Universität vorbei durch Stadt, Park und am Fluss entlang.

Ausgangs-/Endpunkt
U-Bahnhof Bockenheimer Warte, 60325 Frankfurt a. M. / U-Bahnhof Uni Campus Riedberg, 60438 Frankfurt a. M.

GPS
50.120105, 8.652140

Anfahrt
U4 vom Frankfurter Hauptbahnhof Richtung Bockenheimer Warte bis U-Bahnhof Bockenheimer Warte (Endhaltestelle). Rückfahrt vom U-Bahnhof Uni-Campus Riedberg mit U8 bis U-Bahnhof Hauptwache, dann mit der S1–9

Einkehr
Die mitten durch die Stadt verlaufende Strecke bietet zahlreiche Einkehrmöglichkeiten. Direkt in der Universität auf dem Campus Westend kann man im Café Sturm und Drang Uni-Luft schnuppern. Auf halbem Weg lockt das Ginnheimer Wirtshaus mit einladendem Biergarten. Rund um den Riedbergplatz finden sich am Ende der Tour viele verschiedene Lokale.

Karte
Kompass: 3348 Frankfurt a. M. – Mainz – Rheinhessen, 1:70 000

Information
www.uni-frankfurt.de

Die meisten Studierenden kommen kaum über den eigenen Campus hinaus. Wer diese gemütliche Route entlangfährt, entdeckt dagegen an einem Tag gleich drei der über die ganze Stadt verteilten Lern- und Denkzentren Frankfurts.

Los geht es mitten in der Stadt am Bockenheimer Campus, dem Geburtsort der 1914 gegründeten Frankfurter Goethe-Universität. Man verlässt den Campus Richtung **A** Bockenheimer Warte. Von dort geht es die Bockenheimer Landstraße entlang und nach 750 Metern biegt man vor dem ersten Hochhaus links auf die Freiherr-von-Stein-Straße. Hier radelt man geradeaus an der beeindruckenden Westend-Synagoge vorbei und die zweite Querstraße danach rechts auf die Feldbergstraße. Die nächste Abbiegung führt links auf die Liebigstraße, dann nimmt man am Kreisverkehr die zweite Ausfahrt auf die Fürstenbergerstraße. Fährt man die Straße geradeaus weiter, liegt schon der Campus Westend auf der linken Seite.

Wir biegen kurz vorher nach links auf die Parkplatzstraße der Universität ab, die uns direkt ins Herz des **1** Campus Westend führt. Hier kann man sich nach Lust und Laune ein wenig auf dem »schönsten Campus Deutschlands« umsehen. Zu einer kleinen Pause mit Kaffee und Kuchen lädt das Bistro Sturm und Drang direkt auf dem Theodor-W.-Adorno-Platz ein.

Street-Art am Studierendenhaus

Links: Das Juridicum und das Kunstgeschichtliche Institut am Campus Bockenheim

Linke Seite: Die Westend-Synagoge in der Freiherr-von-Stein-Straße ist die größte Synagoge Frankfurts.

Das geschichtsträchtige IG-Farben-Gebäude auf dem Campus Westend

Um die Strecke fortzusetzen, fährt man im Westen des Campus zwischen dem House of Finance und der Bibliothek für Recht und Wirtschaft in den 2 **Grüneburgpark** ein und durchquert diesen in Richtung Nordwesten. Anschließend überquert man auf einer Brücke die L 3004. Der Weg führt nun rechts durch ein kleines Waldstück. An der nächsten Kreuzung fährt man wieder rechts und diesmal unter der Autobahn hindurch. Nach der Unterführung hält man sich links und fährt dann geradeaus.

Bistro Sturm und Drang

Zu einer kleinen Pause mit tollem Blick auf das Unigelände lädt das Restaurant/Café-Bistro Sturm und Drang direkt auf dem Theodor-W.-Adorno-Platz im Herzen des Campus Westend ein. Die von Goethe inspirierte Speisekarte hält vom »Gretchen-Frühstück« über die »Walle-Walle-Pommes« bis zum »Prometheus-Salat« für jeden Geschmack etwas bereit. Tipp: Beim Sonntagsbrunch zwischen 10 und 15 Uhr essen Kinder bis zu 11 Jahren besonders günstig; weitere Infos: www.cafe-sturm-und-drang.de

Nach der nächsten Unterführung nach circa 600 Metern biegt man vor dem nächsten Wohngebiet rechts ab und radelt am Bockenheimer Friedhof vorbei. Dann geht es links weiter, unter den Bahngleisen hindurch, danach gleich rechts und an den Tennisplätzen und dem Niddapark vorbei. Nach wenigen weiteren Metern »Am Ginnheimer Wäldchen« entlang lockt das 3 **Ginnheimer Wirtshaus** mit einer Erfrischung.

Wenn sich alle gestärkt haben, folgt die Tour dem Straßenverlauf bis zur Nidda. Hier biegt man entweder vor oder nach der Brücke rechts ab, um

für eine Weile dem zweitgrößten Strom Frankfurts flussaufwärts zu folgen. Spätestens bei der nächsten Brücke wechselt die Strecke auf die andere Niddaseite, führt aber noch weiter am Fluss entlang bis zur Mayenbachbrücke. Nachdem man diese unterfahren hat, geht der Weg links an Fußballfeldern vorbei vom Fluss weg und weiter auf An der Sandelmühle bis hin zur gleichnamigen U-Bahn-Station. Hier überquert man die Hessestraße und folgt gegenüber der Straße namens »Kupferhammer«, bis man auf die 4 **Sebastian-Kneipp-Straße** trifft. In diese fährt man rechts ein und folgt dem Straßenverlauf sich links haltend bis zur Lurgiallee, wo man links abbiegt.

Im Wissenschaftsgarten des Campus Riedberg findet jedes Jahr ein Frühlingsfest für Studierende und Interessierte statt.

Nun überquert man nur noch die Marie-Curie-Straße und schon liegt das Ziel dieser Etappe, der naturwissenschaftliche 5 **Campus Riedberg**, zur Linken. Bevor man über den zweiten Kreisverkehr links auf den Riedbergplatz mit seinen vielen Einkehrmöglichkeiten weiterfährt, bietet sich noch ein Besuch im Wissenschaftsgarten der Universität mit seinen rund 10 000 Pflanzen aus aller Welt an. Auf der Riedbergallee erreicht man dann den E **U-Bahnhof Uni Campus Riedberg**.

Faszination Pflanze

Rund 2000 verschiedene Pflanzenarten beherbergt der Wissenschaftsgarten auf dem Campus Riedberg. Der großzügige Freilandbereich liefert dem Floraliebhaber auch viele Informationen. Geöffnet ist die Anlage Mo–Fr 9–15 Uhr, März–Okt. auch Sa 11–17 Uhr, Gratisführungen gibt es im Sommer jeden 3. Fr im Monat um 16 Uhr. Mehr Infos: www.uni-frankfurt.de/51846702/Willkommen

6 Auf Goethes Spuren

Dichtung und Wahrheit live erleben

 Leicht

 10 km

 51/53 m

 1.00 Std.

Tourencharakter
Die Strecke ist für jeden Langschläfer gemacht. Start- und Endpunkt der Tour sind mit öffentlichen Verkehrsmitteln erreichbar. Der Weg ist asphaltiert und gut mit dem Rad befahrbar.

Ausgangs-/Endpunkt
Südbahnhof, 60594 Frankfurt a. M./Städel Museum, Schaumainkai 63, 60596 Frankfurt a. M.

GPS
50.099704, 8.685719

Anfahrt
Haltestelle Südbahnhof, erreichbar mit der U1, U2, U3, U8 sowie den S- und Regionalbahnen. Die nächste U-Bahn-Station vom Endpunkt Städel ist Schweizer Platz.

Einkehr
Das Café Opitz direkt an Goethes Geburtshaus bietet den leckersten Frankfurter Kranz der Stadt.

Karte
Kompass: 3348 Frankfurt a. M. – Mainz – Rheinhessen, 1:70 000

Information
www.frankfurt-tourismus.de, Tel. 069/21 23 88 00

Frankfurt ist Goethe-Stadt, das zeigt diese Tour. Sie führt vom Südbahnhof über den Goethe-Turm zum Willemer-Häuschen. Anschließend geht es zu Goethes Geburtshaus, danach zum Goethe-Denkmal und schließlich ins Städel, wo man bereits vom Haupteingang aus einen Blick auf ein Porträt des berühmten Schriftstellers werfen kann.

Am Großen Hirschgraben befindet sich das Geburtshaus von Johann Wolfgang von Goethe.

Links: Im Willemer-Häuschen entstanden Teile von Goethes Spätwerk »West-östlicher Divan«.

Startpunkt ist der A **Südbahnhof**. Hier fährt man erst über die Gleise nach Südwesten, bevor man nach links in die Mörfelder Landstraße einbiegt. Nach etwa 400 Metern biegt man nach rechts auf den Hainer Weg, dem man, vorbei am Südfriedhof, bis zur Bergkirche folgt. Dort biegt man nach links in den Sachsenhäuser Landwehrweg ein und folgt diesem bis zum Spielpark am 1 **Goetheturm**. Der 43 Meter hohe, überaus beliebte Aussichtsturm ist 2017 leider abgebrannt, die Arbeiten zum Wiederaufbau wurden bereits wieder aufgenommen.

Weiter geht es nach links in den Wendelsweg, am Seehofpark vorbei, nach 500 Metern rechts in die Dielmannstraße und nach links in den Hühnerweg, wo man das 2 **Willemer-Häuschen** findet. 1814 trafen sich in diesem Gartenhaus Johann Wolfgang von Goethe und Marianne von Willemer, um von dem achteckigen Türmchen, das ein fabelhaftes Panorama bot, die Feierlichkeiten zur Völkerschlacht zu Leipzig zu beobachten. Das Häuschen ist von einem kleinen Garten umgeben und kann von Ostersonntag bis Mitte Oktober in der Zeit von 11 bis 16 Uhr besichtigt werden.

Die Statue am Goetheplatz

Mitte: Blick vom Holbeinsteg auf das berühmte Städel Museum

Dem Hühnerweg folgt man so lange, bis man schließlich wieder den Hainer Weg erreicht hat. Dort biegt man diesmal rechts ab und fährt auf der Offenbacher Landstraße, bis zur Siemensstraße. Auf dieser links bis zum Ende, biegt man dann nach links in die Seehofstraße ein und überquert auf der Flößerbrücke den Main. Über die Eckardtstraße gelangt man zum Radweg am Main entlang. Auf diesem fährt man, die Alte Brücke unterquerend, bis zum Mainkai, dem man nach links folgt.

Frankfurter Goethe-Haus

In dem Haus am Großen Hirschgraben, in dem der berühmte Dichter am 28.8.1749 das Licht der Welt erblickte, sind besonders spannend die Repräsentationsräume sowie das Dichterzimmer. Wer noch mehr sehen möchte, der geht nach nebenan ins Goethe-Museum, wo Handschriften und Porträts aufbewahrt und ausgestellt werden. In der Bibliothek findet man den sog. Goetheschatz, eine enorme Handschriften- und Kunstsammlung der Goethezeit. Infos: www.goethehaus-frankfurt.de

Von dort geht es, am Eisernen Steg vorbei, weiter am Main entlang, bevor man rechts in die Straße »Am Leonhardstor« einbiegt und kurz darauf nach rechts in die Alte Mainzer Gasse. Dann fährt man links in die Buchgasse ein, die später zum Kornmarkt wird. Der Straße folgt man bis zur Berliner Straße, wo man nach links nicht dem Theatertunnel folgt, sondern nach rechts in den Großen Hirschgraben einbiegt; das 3 **Goethe-Haus** findet man am Großen Hirschgraben Nr. 23–25. Unweit von Goethes Geburtshaus findet man das Café Opitz am Salzhaus. Hat man sich dort mit Kaffee und Kuchen gestärkt, geht es über die Weißadlergasse weiter in den Kornmarkt bis

Tischbeins Gemälde »Goethe in der Campagna« begrüßt die Besucher des Städel Museums.

zur Katharinenpforte. Dieser folgt man und biegt dann nach rechts »An der Hauptwache« ab, der man an der Schillerstraße vorbei bis in die Biebergasse folgt. Über den Rathenauplatz erreicht man den 4 **Goetheplatz**, wo der wohl berühmteste deutsche Autor seit 1844 auf seine Heimatstadt blickt.

Vom Goetheplatz aus fährt man über den Roßmarkt, der wenig später zur Großen Gallusstraße wird, weiter an der Neuen Mainzer Straße vorbei, bis hin zum Taunustor. Hier radelt man links durch die Gallusanlage, überquert die Kaiserstraße und fährt am Schauspiel vorbei auf die Untermainanlage. Von dort überquert man die Hofstraße und gelangt wieder auf den Untermainkai, dem man nach rechts folgt. Nach nur einem kurzen Stück am Main entlang biegt man nach links in den Holbeinsteg, der direkt zum E **Städel Museum** und damit erneut zu Goethe führt (siehe Tour 2). Bereits vom Eingang aus kann man das wohl berühmteste Ganzkörperporträt bewundern: Goethe, auf den »Ruinen« der Campagna di Roma sitzend und »über das Schicksal der menschlichen Werke« sinnierend.

Johann Wolfgang von Goethe

In Frankfurt geboren verbrachte Johann Wolfgang seine Kindheit und Jugend am Main, bevor es ihn nach Weimar zog. Dennoch blieb Frankfurt immer auch Vorbild für Goethes literarischen Entwürfe. Immer wieder finden sich Figuren und Orte Frankfurts in seinen Büchern, etwa das berühmte Gretchen, das Susanna Margaretha Brandt nachempfunden sein soll, oder der Kaiserdom und die Paulskirche. Goetz von Berlichingen und die Leiden des jungen Werthers sind hier entstanden.

7

Industriepark Höchst

Eine kleine »Stadt« für sich

Leicht

11 km

11/9 m

0.45 Std.

Tourencharakter
Leichte Fahrradtour auf asphaltierten und gepflasterten Wegen

Ausgangs-/Endpunkt
S-Bahnhof Frankfurt-Höchst Farbwerke, 65929 Frankfurt a. M.

GPS
50.098375, 8.528153

Anfahrt
Vom Frankfurter Hauptbahnhof aus mit der S1 oder S2 zur Station Frankfurt-Höchst Farbwerke

Einkehr
Auf der Route gibt es eher wenige Einkehrmöglichkeiten, allerdings befindet sich die Alte Schiffsmeldestelle links der Leunabrücke, wo man die Seele baumeln lassen kann, während man die imposante Industrielandschaft auf sich wirken lässt. Oder man fährt eine Station mit der S-Bahn nach Frankfurt-Höchst und findet dort in unmittelbarer Nähe des Bahnhofs zahlreiche Restaurants und Imbissbuden.

Karte
Kompass: 3348 Frankfurt a. M. – Mainz – Rheinhessen, 1:70 000

Information
www.ihr-nachbar.de

Die Route um den Industriepark Höchst zeigt die Vielfalt Frankfurts, da man von Industrie und urbaner Umgebung bis zur Natur die volle Bandbreite der abwechslungsreichen Stadt erlebt. Auch wenn die Strecke recht schnell abgeradelt ist, kann man sich ruhig Zeit nehmen, um sich zwischendurch auf die Bilder, die sich einem bieten, einzulassen.

Gestartet wird an der Ⓐ **S-Bahn-Station Frankfurt-Höchst Farbwerke**, von wo aus man direkten Zugang hat zum ❶ **Tunnel zum Tor Nord**. Der Tunnel ist sehr bunt gestaltet, das Farbkonzept ist durch Komplementärfarben sehr auffällig; wenn man etwas aufpasst, entgeht einem auch nicht der Schriftzug »Das Licht am Ende des Tunnels« an der anderen Seite, wenn man von der S-Bahn kommt. Der gesamte Industriepark ist umgeben von Backsteinmauern und Zäunen, die dem Industriepark Höchst seinen Umriss verleihen.

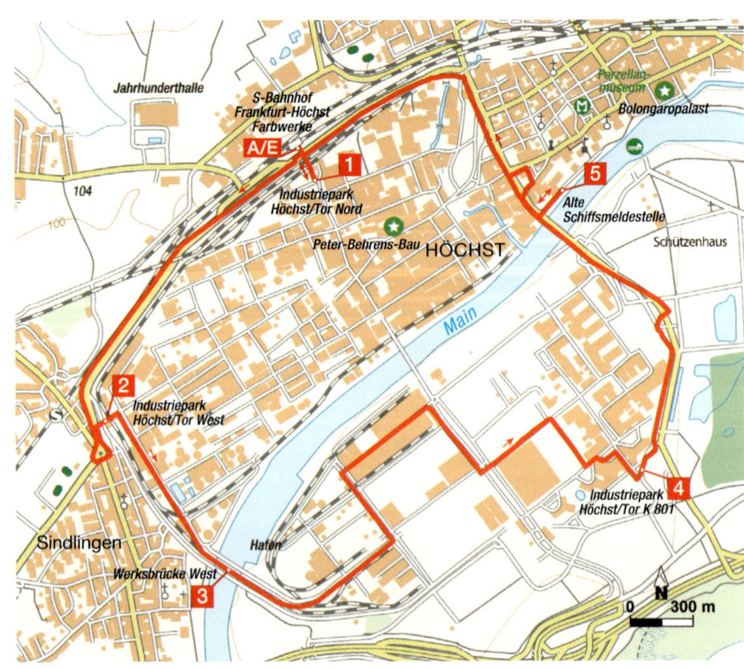

Der Bau des berühmten Architekten Peter Behrens im Industriepark Höchst

Vor dem Tor Nord geht es weiter westlich die Höchster-Farben-Straße an der Werksmauer Nordwest entlang bis zum ❷ **Tor West**. Wenn man den Blick Richtung Osten wendet, kann man weit hinein in den Industriepark sehen und auf der linken Seite hebt sich die Klärschlammverbrennungsanlage von der Umgebung ab. Eine Lärmschutzwand, die als Mauer bis nach Sindlingen führt, soll gegen die Lärmbelästigung helfen und reicht recht eindrucksvoll bis zum Main. Faszinierend sind immer wieder die vielen ineinander gewundenen Rohre, die vorwiegend in Pastellfarben gestrichen wurden.

Der Weg führt einen weiter bis zur ❸ **Werksbrücke West**, über die man den Main überqueren kann, einer 300 Meter langen Spannbeton-Schrägseil-Konstruktion. Rechter Hand sieht man bis zum Kern des Ortes Sindlingen, des westlichsten Frankfurter Stadtteils. Man lässt jedoch den Ort rechts hinter sich und folgt dem Weg weiter. Das südliche Tor schließt ganz im Süden auch an die Autobahn an. Über dem Werkstor erkennt man den hohen Schornstein des zentralen Heizkraftwerks. Übrigens befindet sich die erste öffentliche Wasserstofftankstelle Hessens genau vor dem Tor. Unweit vom Süd-Tor passiert man das ❹ **Tor K 801**, das seinen Namen dem Bürogebäude K 801 verdankt. Auffällig ist das Dach über dem Eingang, das sich wie ein Drache gegen den Himmel abhebt.

Peter-Behrens-Bau

Hinter den Toren des Industrieparks befindet sich ein imposanter Geniestreich der Architekturkunst, welcher sich besonders durch den strahlenden Lichthof hervortut. Einen Besuch sollte man etwas im Voraus planen, denn die Möglichkeit, durch den prächtigen Bau geführt zu werden, besteht nur viermal im Jahr.

Das Wahrzeichen des Stadtteils: das Höchster Schloss

Weiter geht es auf der Robert-Schnitzer-Straße am Naturschutzgebiet Schwanheimer Düne vorbei (siehe Tour 8), sehr beeindruckend ist der Bruch zwischen dem Industriegelände und der Naturlandschaft, die sich rechts auftut. Wieder Richtung Main gewandt radelt man am Schwanheimer Unterfeld vorbei, das eines der wichtigsten Naherholungsgebiete im Frankfurter Umland darstellt. An der Grenze des Gebiets finden sich Äcker, Streuobstwiesen und Koppeln, auf denen Pferde grasen.

Im Kreisverkehr nimmt man die erste Ausfahrt, um dann nach links in die Leunastraße abzubiegen. Über den Main spannt sich die Leunabrücke, von wo aus man in den Industriepark blicken kann. Sehr charakteristisch sind die Backsteinbauten, die als Lager fungieren, und das Gebäude direkt unter der Brücke, das der Wassergewinnung dient. Von der Leunabrücke sieht man links auf eine weitere Brücke, die mittlere Werksbrücke, linkerhand gerät das Bild der Höchster Altstadt in den Blick. Nach der Brücke fährt man über die Brünigstraße wieder zurück auf die Leunastraße, um auf der anderen Straßenseite in die Batterie links einbiegen zu können. Ein paar Meter weiter kann man sich in der 5 **Alten Schiffsmeldestelle**

Panoramablick auf den Industriepark mit der Werksbrücke West

erfrischen und einen kleinen Snack einnehmen. Während man eine kurze Verschnaufpause einlegt, kann man das schöne Panorama genießen. Im Hintergrund ist das Renaissance-Schloss zu sehen, das heute als Veranstaltungsort und Museum dient.

Danach geht es weiter zurück die Leunastraße entlang; wenn man sich noch einmal umdreht, sind der Turm und die Brücke sehr auffällig, die ins Blickfeld geraten und die auch irgendwie Wahrzeichen des Stadtteils sind und früher sinnbildlich für die Fabrik standen. Man folgt der Leunastraße, bis man linkerhand über die Höchster-Farben-Straße wieder an den End- und gleichzeitig wieder Anfangspunkt der Runde, an die E S-Bahn-Station Frankfurt-Höchst Farbwerke, gelangt.

Links: Der Bolongaropalast mit Barockgarten

Bolongaropalast

Etwa 750 Meter nordöstlich der Alten Schiffsmeldestelle befindet sich – ebenfalls im Stadtteil Höchst – der Bolongaropalast mit schönem Barockgarten. Dieses Schmuckstück aus dem 18. Jahrhundert nahe des Mainufers lädt allerdings erst wieder nach Abschluss der Sanierungsarbeiten zur Besichtigung ein, dann soll auch das Porzellanmuseum im Palast eröffnen (vorauss. 2022; aktuelle Infos: www.kulturimbolongaro.de).

Hofladen

Stadtnatur

Bei Radlern überaus beliebt: das Niddaufer, hier bei Höchst (TOUR 10) (o. l.). Am Main entlang bis nach Offenbach radeln (TOUR 13) (o. r.). Luftbrückendenkmal am Frankfurter Flughafen (TOUR 11) (u. r.). Auf dem Lohrberg bietet das MainÄppelHaus frisch gekelterten Apfelwein an (TOUR 9) (u. l.).

8 Durch den Stadtwald

Die grüne Oase direkt vor der Haustür

Mittel 22 km 92/154 m 2.00 Std.

Tourencharakter
Die Strecke ist Teil des GrünGürtel-Radrundweges. Man bewegt sich auf sehr gut befahrbaren Rad-, Neben- und Waldwegen. Die Tour ist fast durchgängig mit Wegweisern beschildert.

Ausgangs-/Endpunkt
Bahnhof Frankfurt-Höchst, 65929 Frankfurt a. M. / Gerbermühle, Gerbermühlstr. 105, 60594 Frankfurt a. M.

GPS
50.102156, 8.542554

Anfahrt
S1 und S2 vom Frankfurter Hauptbahnhof Richtung Wiesbaden/Niedernhausen. Rückfahrt von der Haltestelle Frankfurt Gerbermühle mit den Buslinien 46, 102, 103 oder 107

Einkehr
Direkt am Jacobiweiher befindet sich das Wirtshaus Oberschweinstiege, das deftige Landhausküche anbietet. Regionale Klassiker serviert Schmidt-Peccolo am Goetheturm. Die Gerbermühle, in der einst auch Johann Wolfgang von Goethe residierte, ist heute ein beliebtes Ausflugsziel.

Karte
Stadt Frankfurt am Main (Hrsg.): GrünGürtel-Freizeitkarte, 1:25.000

Information
www.frankfurt-tourismus.de, Tel. 069/21 23 88 00

Der GrünGürtel erstreckt sich rund um die Frankfurter Kernstadt und bietet mit seinem Radrundweg eine hervorragende Möglichkeit, ohne lange Anreise eine gemütliche Radtour durch schöne Natur zu machen. Der komplette Rundweg umfasst 62 Kilometer. Diesem Tipp folgend fährt man den südlichen Teil des Rundwegs mit ungefähr einem Drittel der Gesamtstrecke ab und genießt dabei die beruhigende Atmosphäre des Stadtwaldes.

Diese Radtour beginnt im Frankfurter Stadtteil Höchst. Wer motiviert ist und direkt durchstarten mag, der radelt zum **A Höchster Bahnhof**. Wer es lieber langsam angehen lässt, der packt sein Rad in die S-Bahn und reist so ganz gemütlich an.

Auf der Adolf-Haeuser-Straße beginnend biegt man links auf die etwas breitere Leunastraße ab und folgt ihr Richtung Süden zum Mainufer. Ungefähr fünf Minuten nach dem Start

Im Naturschutzgebiet Schwanheimer Düne

erreicht man die ❶ **Leunabrücke**, auf der der Main überquert wird. Anschließend folgt man der GrünGürtel-Radroute auf der Leunastraße vorbei an der Schwanheimer Düne und der Schmitt'schen Grube. Wer noch nie durch die Schwanheimer Düne spaziert ist, sollte hier auf jeden Fall einen kleinen Abstecher einplanen.

Etwa zwei Kilometer nach Überqueren des Mains biegt man links ab und folgt dem Kelsterbacher Weg. Ab hier gilt: »Ausschau halten!« – und zwar nach den offiziellen Wegweisern des Radrundwegs (ein gelber Punkt mit Fahrrad-Piktogramm auf

Die Wegweiser des GrünGürtel-Rundweges leiten die Radfahrer sicher durch die Tour.

Schwanheimer Düne

Auch wenn man den Begriff »Düne« eher mit der Nordseeküste als mit der Mainmetropole verbindet, befindet sich in Frankfurts Westen doch eine der sehr seltenen Binnendünen Europas. Das Naturschutzgebiet rund um die Schwanheimer Düne lädt mit seiner wertvollen Flora und Fauna zu einem Mini-Urlaub mit ausgiebigen Spaziergängen auf den Holzstegen ein.

blau-grünem Untergrund). Diese lotsen den Radfahrer zunächst weiter Richtung Süden und schließlich am Ufer des Kelsterbachs entlang Richtung ❷ **Schwanheimer Bahnstraße**.

Auch im Herbst bereitet eine Radtour durch den Stadtwald viel Freude.

Diese überquerend geht es weiter an der Dammschneise entlang, bis man gleich nach der Unterquerung der ❸ **A 5-Brücke** rechts einbiegt und sich nun – weiter dem GrünGürtel folgend – auf die Commerzbank-Arena zubewegt. Immer noch auf dem GrünGürtel-Radrundweg lässt man das ehemalige Waldstadion hinter sich, überquert die ❹ **Brücke Otto-Fleck-Schneise** über die B 43 und radelt bis hin zur Isenburger Schneise; auf dieser rechts und nach der Eisenbahnbrücke links in die Stolzeschneise. Ihr folgend überquert man die Trambahntrasse und fährt dann gleich rechts parallel zu den Gleisen bis zur Haltestelle Oberschweinstiege. Hier links auf die gleichnamige Schneise hat man nach 500 Metern schon den Jacobiweiher mit dem ❺ **Wirtshaus Oberschweinstiege** und somit den wunderschönen Frankfurter Stadtwald erreicht. Hier lohnt es sich definitiv, einmal abzusteigen und bei einer kurzen Rast am Weiher die Naturidylle zu genießen.

Am Jacobiweiher sollte man unbedingt einen Zwischenstopp einplanen.

Erholt macht man sich zunächst auf der Oberschweinstiegeschneise und immer der Beschilderung folgend auf den Weg durch das satte Grün des Stadtwaldes, vorbei am Spielpark »Goetheruh« und dem sich gerade im Wiederaufbau befindlichen Goetheturm (geplante Fertigstellung Mitte 2020). Der ❻ **Sachsenhäuser Landwehrweg** führt die Radfahrer weiter zum ❼ **Waldspielpark Scheerwald**. Ist man mit Kindern unterwegs, sollte man

Im Frühling kann man im Stadtwald auch Bärlauch pflücken.

spätestens hier den zweiten Zwischenstopp einlegen, denn die Wasserspielanlage und der fantasievoll gestaltete Abenteuerspielplatz lassen kleine Herzen höherschlagen! Aber auch die Erwachsenen kommen hier auf ihre Kosten und können dort in malerischer Kulisse bei einem Kaltgetränk vom dortigen Kiosk wieder zu Kräften kommen.

Haben sich die Kleinen ausgetobt und die Großen erfrischt, fährt man weiter Richtung Osten, bis man links auf den Buchrainweg abbiegt und somit den GrünGürtel-Radrundweg verlässt. Nach 850 Metern schwenkt die Strecke leicht links auf die Offenbacher Landstraße, um die Radler direkt im Anschluss am Buchrainplatz (Trambahnhaltestelle) rechts auf die Wasserhofstraße zu leiten. Deren Straßenverlauf folgt man dann bis zur Wehrstraße. Dort erreicht man schließlich das Tourenziel: die E Gerbermühle. Der Biergarten des traditionsreichen Hauses – heute ein Design-Hotel-Restaurant – ist der perfekte Ort, um den Nachmittag ausklingen zu lassen. Hier kann man nach der Radtour die Füße sowie die Seele baumeln lassen und bei einem Glas Apfelwein zu einer deftigen Portion Handkäs' mit Musik den Blick auf die imposante Skyline Frankfurts genießen.

Der GrünGürtel

Der GrünGürtel umfasst etwa 8000 Hektar und umschließt Frankfurt. Seit 1994 ist er Landschaftsschutzgebiet und wird aufgrund seiner Flora und Fauna auch als die »Grüne Lunge Frankfurts« bezeichnet. Seit einigen Jahren findet man dort auch die Komische Kunst: Künstler platzieren an diversen Stellen ihre Skulpturen. Alles begann 2001 mit der Figur des GrünGürtel-Tiers – einer Frankfurter Variante des bayerischen Wolpertingers.

9 Lohrberg-Sprint

Erkundung von Frankfurts letztem Weinberg

Leicht | 7 km | 115/115 m | 0.45 Std.

Tourencharakter
Die Strecke ist für geübte wie ungeübte Fahrer machbar. Der Lohrberger Hang ist nur teilweise asphaltiert, aber trotzdem gut mit dem Rad befahrbar.

Ausgangs-/Endpunkt
U-Bahnhof Seckbacher Landstraße, 60389 Frankfurt a. M.

GPS
50.134435, 8.711874

Anfahrt
An- und Rückfahrt mit der U4, Haltestelle Seckbacher Landstraße

Einkehr
Auf dieser Tour gibt es mehrere Möglichkeiten zur Einkehr, wie das Café Bergstation im Huthpark oder auch das Main Äppel Haus: Im Hofladen kann man sich mit Köstlichkeiten aus Äpfeln eindecken, im »Äppelbistro« essen und die wohl bekannteste Apfelspezialität Frankfurts genießen (Samstag und Sonntag im Sommer 11–18 Uhr, im Winter 11–16 Uhr).

Karte
Kompass: 3348 Frankfurt a. M. – Mainz – Rheinhessen, 1:70 000

Information
www.frankfurt-tourismus.de, Tel. 069/21 23 88 00

Die Tour beginnt an der Seckbacher Landstraße und führt über den Huthpark zum Lohrberg – dem ältesten und letzten Weinberg Frankfurts. Der Lohrberg ist ein beliebtes Ausflugsziel und bietet einen der schönsten Blicke auf Frankfurt.

Startpunkt ist die Ⓐ **U-Bahn-Station Seckbacher Landstraße**. In deren Nähe fährt man von der Seckbacher Landstraße in die Seitenstraße »An der Röthen«, bis man den Bodenweg erreicht hat. Der Bodenweg führt am Friedhof vorbei direkt zur ❶ **Friedberger Landstraße/B 3**, in die man rechts einbiegt. Dieser folgt man etwa 550 Meter, über den Friedrich-Heyer-Weg.

Wer herrliche Wiesen und alten Baumbestand genießen will, sollte rechts in den Auerweg abbiegen und am »Volkspark auf dem Huth« Halt machen. Der Park ist um 1910 entstanden und bietet eine Tennisanlage, Liegeflächen und Spielplätze. Wer einen Hund dabeihat, kann mit seinem besten Freund ein bisschen auf der Hundefreifläche spielen. Ein halbkreisförmiger Pavillon aus dem Jahr 1929 fungiert heute als Café und lädt zu einer gemütlichen Pause im Freien ein. Für diejenigen, die bereits jetzt eine kleine Stärkung brauchen, bietet das Café

In der Abendsonne ist es auf dem Lohrberg besonders schön.

Die Bergstation im Huthpark lädt zur relaxten Rast ein.

Bergstation wunderbare Kuchen und saisonale wie regionale Gerichte an. Wer hier noch nicht fündig geworden ist, muss sich nicht lange gedulden und nur ein kleines Stück weiterfahren.

Weiter geht es über den Auerweg bzw. dann die Auerfeldstraße nach Osten, von wo man nach etwa 450 Metern in Seckbach links in die **2 Hofhausstraße** einbiegt und kurz darauf rechts in die Hintergasse fährt, die links direkt zum Lohrberg führt. Hier bekommt der Weg eine kleine Steigung. Diesem Weg folgt man bis zum Ende, wo man rechts in **3 Auf dem Lohr** einbiegt. Spätestens ab hier ist man endgültig in einer Grünoase angekommen. Von hier aus kann man den Lohrberg gut mit dem Rad umrunden, man kann aber auch direkt dort verweilen und die atemberaubende Aussicht auf Frankfurt genießen. In jedem Fall ist man hier von alten Bäumen, saftigen Wiesen und Feldern mit Geschichte umgeben. Nur wenige Städte in Deutschland können einen Weinberg vorweisen. Seit 1944 wird der Lohrberg von Armin

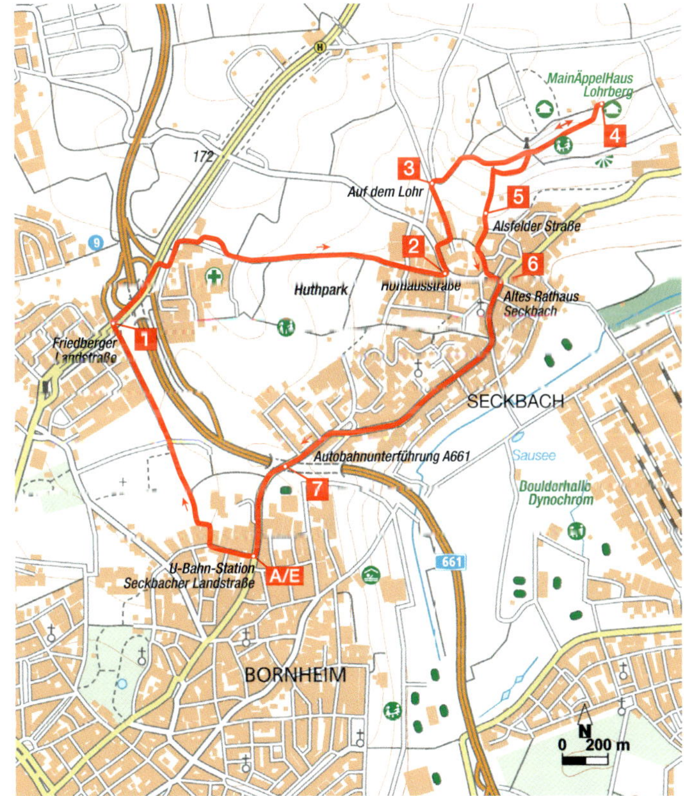

Über den Weinbergen hat man einen hervorragenden Blick auf die Mainmetropole.

Rupp bewirtschaftet. Neben den für den »Frankfurter Lohrberger Hang« verwendeten Riesling-Trauben wachsen hier Weißer Burgunder, Spätburgunder, Chardonnay und Cabernet Sauvignon. Ausgeschenkt und verkauft wird der Wein im Römer in der Limpurgergasse 2. Der Weinberg grenzt an den etwa 18 Hektar großen Lohrpark, der so ein beliebtes Ausflugsziel ist, dass es am Wochenende schon mal voll werden kann. Denn der Blick über Frankfurt ist unbezahlbar!

Hat man nicht schon im Café Bergstation gegessen, so findet sich im nordöstlichen Teil des Lohrparks eine weitere Möglichkeit zur Einkehr: das 4 **MainÄppelHaus Lohrberg**. Dort kann man nicht nur eine Frankfurter Spezialität – den Äppelwoi – genießen, sondern auch etwas über die Herstellung des bekannten Apfelweins lernen. Man kann durch die Anbaufläche streifen, die verschiedenen Apfelsorten suchen, in den Irrgarten gehen, grillen, einen Drachen steigen lassen, sich auf den im Park verteilten Bänken niederlassen oder kurzerhand im Gras picknicken. Im »Äppel-Bistro« kann man Köstlichkeiten aus Äpfeln essen oder im Hofladen einkaufen. Und wer an Streuobst interessiert ist, kann hier Sortenseminare machen oder die Grundlagen des Obstbaumschnitts erlernen.

Lohrberger Hang

Ehemals im Besitz des Karmeliterklosters ging das Weinanbaugebiet im Zuge der Säkularisation im Jahr 1803 an die Stadt Frankfurt über. Der Riesling zählt zu den deutschen Spitzenweinen und kann im Ladengeschäft des Städtischen Weinguts im Römer (Eingang Limpurgergasse 2) verkostet und gekauft werden.

Nun radelt man zunächst auf demselben Weg zurück, folgt dann vom Lohrberg aus rechts der 5 **Alsfelder Straße**, bis man links in die Hintergasse einschwenkt. Nach 120 Metern auf dieser biegt man links in die Hofhausstraße ein und nach knapp 100 Metern, gleich nach dem 6 **Alten Rathaus Seckbach**, rechts in die Wilhelmshöher Straße. Diese radelt man einen ganzen Kilometer entlang. Schließlich biegt man nach links in die Heinz-Herbert-Karry-Straße, fährt über die 7 **Unterführung der A 661** und befindet sich dann wieder auf der Seckbacher Landstraße, auf der man direkt an den Startpunkt der Tour an der E **U-Bahn-Station Seckbacher Landstraße** gelangt.

Auch im Herbst lohnt sich eine Radtour auf den Lohrberg.

Links: Der Eingang zum MainÄppelHaus

Lohrpark

Große Wiesen und eine fabelhafte Aussicht machen diesen Park zu einem idealen Ausflugsziel. Auf über 180 m über Meereshöhe genießt man hier einen herrlichen Blick auf die Metropole, die Mainebene und den Taunus. Die Frankfurter machen Sport, grillen mit Freunden oder treffen sich zu romantischen Dates. In jedem Fall kann man hier Natur erleben und sich etwas erholen.

10

Der nördliche GrünGürtel

Idylle zum Erleben

Mittel 25 km 124/48 m 2.00 Std.

Tourencharakter
An der Nidda entlang ist der Radweg weitestgehend flach. Wenn man es geschickt legt, könnte man den Ausflug mit einer Fährfahrt von Schwanheim nach Höchst beginnen.

Ausgangs-/Endpunkt
Fährstelle Höchst, 65929 Frankfurt a. M. / U-Bahn-Station Enkheim, 60388 Frankfurt a. M.

GPS
50.098783, 8.550044

Anfahrt
S1 und S2 vom Frankfurter Hauptbahnhof Richtung Wiesbaden/Niedernhausen nach Frankfurt-Höchst

Einkehr
Besonders schön ist ein Picknick an der Nidda; wer möchte, kann auch an einer Grillstation Halt machen.

Karte
Stadt Frankfurt am Main (Hrsg.): GrünGürtel-Freizeitkarte, 1:25.000

Information
www.frankfurt-tourismus.de, Tel. 069/21 23 88 00; www.regionalpark-rheinmain.de

Der GrünGürtel auf der nördlichen Seite des Mains bietet alles, was das Radler-Herz begehrt. Erholsames Grün und das Plätschern der Nidda garantieren auf dem alles in allem gemütlichen Radweg Erholung pur.

Am besten startet man diese Tour an der A **Fährstelle Höchst**. Von dort fährt man flussaufwärts das Höchster Mainufer an der Batterie entlang. Bald sieht man bereits die Mündung der Nidda in den Main. Zur Linken lassen wir den Garteneingang zu dem barocken Bolongaropalast (siehe Tour 7) hinter uns und überqueren an der nächsten Möglichkeit die Nidda. Nun geht es die Wörthspitze entlang, an der ersten Gabelung hält man sich links. Dem Weg folgend unterquert man die Mainzer Landstraße, überquert die Alt-Nied und schlägt den Weg links der Oeserstraße ein. Nun haben wir zur Rechten einen Sportplatz und zur Linken fließt die Nidda.

Nach der Eisenbahnbrücke empfiehlt es sich, die rechte Weggabelung einzuschlagen, bald ist man aber wieder an der Nidda. Nach dem Kleingärtnerverein folgt man der Biegung des Flusses und hält sich links, sodass die Nidda weiter zur Linken fließt. Man überquert den 1 **Mühlgraben** und hält sich weiter links. Im Brentanopark überquert man die Nidda. Anschließend fährt man weiter am Fluss entlang. In Hausen wird die B 44 unterquert, dem Weg am 2 **Freibad Hausen** vorbei folgend geht es weiter an der Nidda. Nun kann man entspannen und dem Weg, vorbei an Wäldern und Feldern, folgen. Letztendlich ist dies eine Tour, für die man viel Muße und Lust zu entdecken mitbringen kann. Kleine Gaststätten in den Orten entlang der Nidda, Parkwälder des GrünGürtels oder beispielsweise kleine Grillanlagen entlang des Flusses laden zum Verweilen ein. Am besten hält man sich an die blau-grünen Schilder mit dem gelben Punkt, die den GrünGürtel-Radweg anschreiben.

Bei Berkersheim verlässt man den Niddaradweg und biegt nach rechts auf den Weg 3 **Im Wiesengarten** ein. Nach dem Über-

Das Niddaufer in Höchst

queren der Bahngleise biegt man rechts ab auf »Am Herrenhof«; am Straßenende links und gleich wieder rechts geht es kurz weiter auf »Am Dachsberg«. Links abbiegend und dem rechten Weg der Gabelung folgend radelt man auf der Huswertstraße weiter und unterquert die A 661. Nach dem ❹ **Awesome-Park** biegt man nach links in »Am Lausberg« ab, folgt dem Weg etwa 250 Meter und schwenkt dann links in die Jakob-Lengfelder-Straße ein. Nach dem Unterqueren von Autobahn und Bundesstraße biegt man bei der nächsten Möglichkeit rechts ab. Nun geht es vorbei an Feldern, am Ende des Weges hält man sich links. Die B 521 auf der Überführung querend folgt man dann dem Berger Weg. Rechts abbiegend auf den Klingenweg schwenkt man schließlich links auf die Wilhelmshöher Straße. Man trifft auf die Vilbeler Landstraße und folgt dieser nach rechts.

Nun kann man entweder zur Ⓔ **U-Bahn-Station Enkheim** fahren oder der Straße weiter bis zum Main folgen und dort am Radweg am Fluss entlang wieder in die Innenstadt radeln.

11 Flughafen-Tour

Von Fliegern, Luftbrücken und Zeppelinen

 Leicht

 15 km

  32/33 m

1.00 Std.

Tourencharakter
Die Strecke führt über gut befahrbare Asphalt- und Waldwege. Die vielen langen geraden Abschnitte machen es leicht, sich auf der teilweise ausgeschilderten Route zurechtzufinden.

Ausgangs-/Endpunkt
S-Bahnhof Kelsterbach, 65451 Kelsterbach / Bahnhof Walldorf (Hess), 64546 Mörfelden-Walldorf

GPS
50.062459, 8.529702

Anfahrt
S8 und S9 vom Frankfurter Hauptbahnhof Richtung Wiesbaden. Rückfahrt mit RE und S7

Einkehr
Einkehrmöglichkeiten sind auf dieser Strecke rar. Wenn man vom Flughafen absieht, kommt nach Kelsterbach die nächste erst mit dem Kiosk am Badesee. Dafür lockt am Ende der Route die Pizzeria Roma in Walldorf mit echter Holzofenpizza.

Karte
Kompass: 3348 Frankfurt a. M. – Mainz – Rheinhessen, 1:70 000

Information
www.frankfurt-tourismus.de, Tel. 069/21 23 88 00

Frankfurt wäre nicht Frankfurt ohne seinen Flughafen. Knapp 70 Millionen Menschen fliegen hier jährlich ein und aus und machen den »FRA« zum größten Flugverkehrsknoten Deutschlands. Von Kelsterbach aus kann man die große Anlage mit ihren Giganten der Lüfte auf einer entspannten Radltour bestaunen.

Abfahrtsort ist der Ⓐ **Kelsterbacher S-Bahnhof**, den man auf der Rüsselsheimer Straße nach rechts verlässt. Für die ersten Meter geht es entspannt geradeaus auf der Frankfurter Straße durch das gemütliche Kelsterbach. Am Kreisverkehr bei der Tankstelle nimmt man die zweite Ausfahrt nach links und biegt gleich darauf rechts auf die Straße »Zum Sportfeld« ab. Hat man das kleine Stadion des ❶ **Sportparks Kelsterbach** erreicht, geht rechts ein Weg ab, auf dem man via Überführung die Gleise quert; vor der nächsten Gleisüberführung dann links.

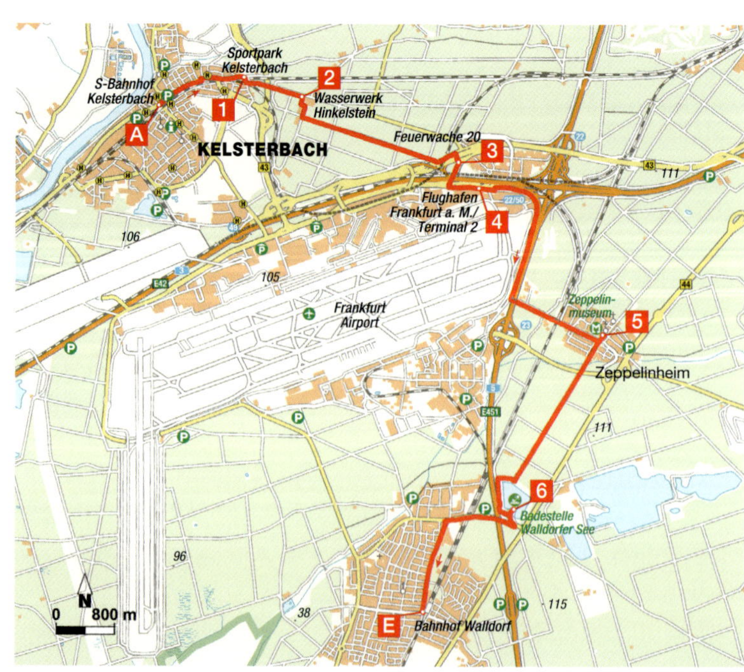

Die Maschinenhalle des Wasserwerks Hinkelstein steht heute unter Denkmalschutz.

Jetzt folgt man dem ziemlich geraden Weg über die Autobahn bis zum ❷ **Wasserwerk Hinkelstein**. Hier geht es vorher rechts weg. Bei der ersten Kreuzung nach dem Werk radelt man links und dann immer geradeaus durch den herrlich schattigen Wald an der Goethebuche vorbei. Bald hat man die Bundesstraße erreicht und folgt ihr nach links, bis man sie an einer Querung der B 43 nach rechts unterradelt.

Jetzt geht es an der ❸ **Feuerwache 20** vorbei parallel zur Kapitän-Lehmann-Straße. Bei der nächsten Kreuzung nach Unterquerung der A 3 fährt man links auf den Hugo-Eckener-Ring und hat den Frankfurt Airport erreicht, der den Verlauf der Strecke für die nächste Zeit vorgibt. Das gläserne Gebäude, an dem man jetzt vorbeiradelt, ist der ❹ **Flughafen-Terminal 2** mit den Gates D und E.

Wasserwerk Hinkelstein

Schon seit dem 19. Jahrhundert wird hier das Grundwasser unter dem Frankfurter Stadtwald wieder zutage befördert. Die ursprüngliche Maschinenhalle mit der imposanten Kuppel steht unter Denkmalschutz und liegt auf der Route der Industriekultur Rhein-Main.

Terminal 2 des Frankfurter Flughafens

Nach dem Terminal wechselt der rote Fahrradweg nach links auf die andere Straßenseite unter Bäume. So kann man von Autos ungestört zusammen mit der Autobahn in einem weiten Rechtsbogen das Flughafengelände umrunden. Nach rechts ist der Blick abgesehen vom Zaun wunderbar frei auf die Abflug- und Landebahnen. Mit dem Anhalten und Fotoschießen sollte man aber noch ein bisschen warten und bis zur Aussichtsplattform Zeppelinheim weiterradeln. Von hier kann man eine ungestörte Aussicht auf die startenden und landenden Fluggiganten genießen. Luftfahrt-Fans radeln noch etwas weiter die Anhöhe wieder hinunter und kommen so zum Luftbrückendenkmal mit historischen Flugzeugen.

Das Luftbrückendenkmal dient zusätzlich als Aussichtspunkt, von dem aus die landenden Flugzeuge sehr gut beobachtet werden können.

Ein beliebtes Ziel für Badefans im Sommer: der Walldorfer See

Die Strecke führt über die Brücke über die A5 weiter durch den Wald nach Zeppelinheim. Am S-Bahnhof vorbei radelt man immer geradeaus die Flughafenstraße entlang. Am Ende des ersten Wohngebiets zur Rechten kreuzt die unauffällige Hundert-Morgen-Schneise die Straße; nach links führt der Weg zum 5 **Zeppelinmuseum**, das bei der ersten Kreuzung gleich links liegt.

Nachdem man die alten Luftschiffe bewundert hat, fährt man die Strecke ein Stück zurück und bleibt gerade auf der Hundert-Morgen-Schneise. Die führt für knapp zwei Kilometer direkt zum **Walldorfer See**. Um zur 6 **Badestelle** auf der gegenüberliegenden Seeseite zu kommen, umrundet man das Wasser nach rechts (Erwachsene zahlen hier 3 € Eintritt).

Nach einer schönen Abkühlung im Badesee sind es nur noch zwei Kilometer bis zum Ende dieser Route. Herrlich entspannt radelt man nach dem Parkplatz auf der Landstraße nach rechts und auf der Brücke über die Autobahn. In Walldorf angekommen biegt man am Kreisverkehr links ab und folgt der Straße noch für ein paar Minuten, bis man am kleinen Gebäude des E **Walldorfer Bahnhofs** das Ziel der Flughafenroute erreicht hat.

Zeppelinmuseum in Zeppelinheim

Als die großen Luftschiffe noch über den Atlantik flogen, ließ die Deutsche Zeppelin-Reederei bei Frankfurt eigens für ihr Personal eine Siedlung errichten: Zeppelinheim. Dort dokumentiert heute das Zeppelinmuseum mit zahlreichen Exponaten diese Ära der Luftfahrtgeschichte. Infos: www.zeppelin-museum-zeppelinheim.de

12

Brentano-, Nidda- und Grüneburgpark

Natur und Kultur aufs Schönste vermischt

Leicht 16 km 60/60 m 1.00 Std.

Tourencharakter
Der Rundweg führt von der Innenstadt bis nach Ginnheim und zurück durch die Grünflächen der Stadt. Die größtenteils fahrradfreundlichen Wege variieren zwischen Fahrradspuren und Parkwegen.

Ausgangs-/Endpunkt
Frankfurter Hauptbahnhof, 60329 Frankfurt a. M.

GPS
50.106923, 8.663266

Anfahrt
Alle Linien des Rhein-Main-Verkehrsverbundes (RMV)

Einkehr
Am Anfang und Ende der Tour gibt es zahlreiche Einkehrmöglichkeiten in der Innenstadt. Restaurant Nidda, Ginnheimer Wirtshaus und Park-Café stillen in den jeweiligen Parks alle kulinarischen Bedürfnisse. Unter dem Europaturm lockt der grüne Biergarten des Restaurants Feldbergblick.

Karte
Kompass: 3348 Frankfurt a. M. – Mainz – Rheinhessen, 1:70 000

Information
www.frankfurt-tourismus.de, Tel. 069/21 23 88 00

Frankfurt ist grün! Auf über 50 Grünflächen kann man sich in der Mainmetropole entspannen und erholen – »lässisch hessisch« eben. In den meisten Parks findet man neben schöner Natur auch kulturelle Schmuckstücke. Also ab aufs Rad und los zur Entdeckungstour auf dieser Park-Rundfahrt.

Diese Fahrradtour beginnt direkt auf dem Vorplatz des Ⓐ **Frankfurter Hauptbahnhofs**. Mit dem imposanten Bahnhofsgebäude im Rücken schiebt man seinen Drahtesel erst einmal über die Straßenbahnlinien. Hat man die nach links führende Autospur erreicht, schwingt man sich – sobald es der Verkehr zulässt – auf den Sattel und ordnet sich in der mittleren Spur auf die Düsseldorfer Straße ein. Hier geht es erst einmal geradeaus, ab der nächsten großen Kreuzung endlich auch auf eigener Fahrradspur. Nach dem Messegelände hält man sich links, umrundet den kleinen See der Ludwig-Erhard-Anlage

Das malerische Petrihäuschen am Niddaufer in Rödelheim

und folgt der Straße rechts auf die Theodor-Heuss-Allee Richtung Flughafen. Der Allee folgt man für 1,5 Kilometer. Bei der großen Gabelung bleibt man rechts, einfach immer weiter auf dem Fahrradstreifen, und folgt wieder für einige Zeit dem Straßenverlauf auf der Ludwig-Landmann-Straße. An der nächsten Kreuzung geht es nach links, weiter auf der Ludwig-Landmann-Straße.

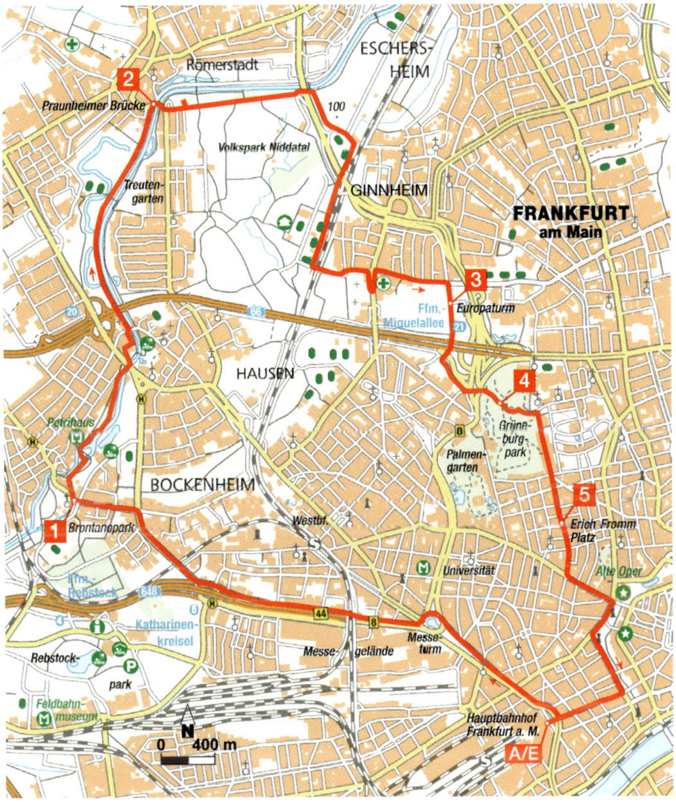

Ab jetzt wird die Strecke immer grüner: Nach wenigen Metern durch das Wohngebiet hat man den **1 Brentanopark** erreicht. Hier heißt es aufpassen und die Abbiegung nach rechts in den Park, gleich gegenüber der Bushaltestelle, nicht übersehen. Dann hält man sich links und radelt gemütlich direkt am Wasserlauf entlang. Auf der anderen Flussseite grüßt das romantische Petrihaus, ein lohnenswerter Abstecher für Kulturliebhaber. An der nächsten Brücke überquert man zwei Nidda-Arme, um dann weiter am anderen Ufer flussaufwärts zu fahren.

Nach drei Kilometern am grünen Strom fährt man rechts auf die Praunheimer Landstraße und wechselt über die **2 Praunheimer Brücke** wieder auf die andere Flussseite. Nun geht es nach links auf die Jean-Albert-Schwarz-Straße, dann links und gleich darauf rechts in den Niddapark hinein. Hat man die Autobahn unterquert, radelt man ganz entspannt der Straße »Am Ginheimer Wäldchen« nach. Hier lädt das Ginnheimer Wirtshaus zu einer kleinen Verschnaufpause ein.

Petrihaus im Brentanopark

Sein erster Besitzer Johannes Petri verlieh dem Fachwerkhaus aus dem 18. Jahrhundert seinen Namen. Ab 1819 gehörte es dann dem Kaufmann Georg Brentano, dem Bruder der beiden Dichter Clemens Brentano und Bettina von Arnim. Er gab auch die Gestaltung des romantischen Äußeren in Auftrag. Heute beherbergt das Haus ein Brentano-Museum und ist Austragungsort für diverse Kulturveranstaltungen. Infos: www.petrihaus-frankfurt.de

Blick auf den Europaturm, auch »Ginnheimer Spargel« genannt

Rechts: Die griechisch-orthodoxe Georgioskirche im Grüneburgpark

Knapp einen Kilometer weiter passiert man eine Tennisanlage und hält sich dann links auf dem unauffällig abzweigenden Fahrrad- und Fußgängerweg, der am Ende nach links ins Wohngebiet führt, wo man rechts auf der August-Scheidel-Straße weiterfährt. Jetzt geht es direkt auf den 337 Meter hohen 3 **Europaturm** zu.

Grüneburgpark mit Koreanischem Garten und Georgioskirche

Zweihundert Jahre alt sind die ältesten Bäume im Grüneburgpark, der sowohl Gartendenkmal als auch Landschaftsschutzgebiet ist. Auf den Überresten der Orangerie des ehemaligen Gutshofs Grüne Burg steht heute die griechisch-orthodoxe Hagios-Georgios-Kirche. Der Koreanische Garten, ein Geschenk Südkoreas an die Stadt Frankfurt, lädt mit seinen Pavillons, Teichen und Pflanzen zum philosophischen Spaziergang und zur Meditation ein.

Der Koreanische Garten im Grüneburgpark bringt asiatischen Flair mitten in die hessische Großstadt.

Hat man seinen Fuß erreicht, biegt man rechts ab und radelt dann geradeaus weiter den Ginnheimer Stadtweg entlang. Nach der Autobahnunterführung geht es nach links und nochmal links über die Brücke, die Autobahnzubringer/-abfahrten Miquelallee überquerend. Das viele Grün verrät es dann: Hier ist man im letzten Park der Route, im 4 **Grüneburgpark**, angekommen. Zeit, einmal vom Sattel zu steigen, und die vielen Natur- und Kulturbesonderheiten der Grünanlage zu bewundern. Neben Botanischem und Koreanischem Garten lockt die byzantinische Georgioskirche, und für vierbeinige Fahrradbegleiter gibt es eine Hundefreilauffläche. Für das leibliche Wohl sorgt das Park-Café allerdings nur bei schönem Wetter.

Von dort geht es dann auf der August-Seibert-Straße wieder in die Straßen Frankfurts hinein. Den Kreisverkehr überquert man geradeaus in die Liebigstraße hinein, die man gemütlich entlangradelt, vorbei am 5 **Erich-Fromm-Platz** rechter Hand, bis man auf die Bockenheimer Landstraße stößt; hier fährt man links. An der Alten Oper führt die Strecke nach rechts am Opernplatz und der Taunusanlage vorbei. An der Westecke der Grünanlage biegt man links ab und nach 500 Metern an der anschließenden Gallusanlage nach rechts auf die Kaiserstraße. Jetzt sieht man am Ende der Straße schon das Gebäude des E **Frankfurter Hauptbahnhofs**, wo der Loop durch Frankfurt und seine Parks endet.

13 Apfelwein-Tour

In die Schönheit Hessens eintauchen

Leicht 32 km 124/91 m 2.30 Std.

Tourencharakter
Der Rundweg geht am Mainufer entlang und durch den Offenbacher Stadtwald. Je nach Apfelwein-Genuss ist diese Strecke gut zu bewältigen.

Ausgangs-/Endpunkt
S-Bahn-Station Kaiserlei, 63067 Offenbach a. M. / S-Bahn-Station Ledermuseum, 63067 Offenbach a. M.

GPS
50.105289, 8.739791

Anfahrt
Mit der S1, S2, S8 oder S9 in Richtung Offenbach, Ausstieg Kaiserlei

Einkehr
Besonders idyllisch und auf dem Rundweg gut gelegen sind Apfelwein Klein und das Gasthaus Obermühle.

Karte
Kompass: 3348 Frankfurt a. M. – Mainz – Rheinhessen, 1:70 000

Information
www.offenbach.de, Tel. 060/80 65 1

Eine Ode an Hessen ist dieser Rundweg in Offenbach. Nebst dem Main, dem Rumpenheimer Schloss oder dem Offenbacher Stadtwald warten hier nämlich leckere Bembel mit Ebbelwoi auf die fleißigen Radfahrer.

Die Französisch-Reformierte Kirche im Offenbacher Stadtzentrum

Frankfurter nehmen für diese Tour die S-Bahn in Richtung Offenbach und steigen dort an der **Ⓐ Station Kaiserlei** aus. Vor der ersten Einkehr geht es nun erst einmal etwa eine Stunde durch Offenbach und den Offenbacher Forst bis nach Bieber. Von der S-Bahn-Station aus fährt man über die Berliner Straße auf den August-Bebel-Ring, dann wählt man den Dreieichring in Richtung Süden. Bevor dieser in die Bismarckstraße mündet, biegt man rechts ab durch die **❶ Bahnunterführung** auf den Isenburgring. Nun geht es wieder nach rechts die Brandsbornstraße entlang; an deren Ende biegt man rechts ab auf den Buchrainweg. Nach dem Spielplatz Buchrainweg zur Rechten fährt man nach links in den **❷ Georg-Oswald-May-Weg** und dann für eine Weile geradeaus. Schließlich biegt man rechts auf die Richard-Wagner-Straße ab und am Ende links auf den Weidigweg. Man trifft auf die Oswald-von-Nell-Breuning-Straße, schwenkt nach rechts ein und radelt leicht rechts haltend die Straße »Auf der Rosenhöhe« weiter. Dann zweigt man links auf den Lauterbornweg ab, lässt die Sportanlage Rosenhöhe hinter sich und fährt nach rechts auf die **❸ Dietzenbacher Straße**.

Man überquert den Bach von Gravenbruch und schlägt anschließend nach links den Weg in den Wald ein. Jetzt ist man der ersten Einkehr schon nah. Es geht noch durch die Felder und über die Bieber, dann mit dem Bach zur Linken auf das **❹ Gasthaus Obermühle** zu. Hier kann man sich nun

Gasthaus Obermühle

Die ehemalige Mühle wurde bereits im Jahr 1280 erstmals urkundlich erwähnt. Heute sitzt man im liebevoll renovierten Gebäude oder unter Kastanien im schönen Biergarten. Unbedingt mitbringen: Hunger und Durst auf deftige Gerichte und Ebbelwoi. Montag und Dienstag ist das Gasthaus i. d. R. geschlossen. Weitere Infos: www.gasthaus-obermuehle.de

Die dreiflügelige Schlossanlage Rumpenheim mit großzügigem Garten

in aller Ruhe ein bis zwei Gläser Apfelwein gönnen und sich mit einer deftigen Mahlzeit stärken. Im Sommer kann man herrlich die Beine unter den Kastanienbäumen ausstrecken und die Schönheit Hessens genießen.

Anschließend geht es weiter zur zweiten Hälfte der Tour (bitte bei der Größe des Bembels bedenken!): Die Obermühlstraße entlang fährt man durch Bieber, wo man auf die Seligenstädter Straße links einschwenkt. Man folgt dem Verlauf der Straße, dann rechts der Aschaffenburger Straße und noch mal nach rechts auf die Dietesheimer Straße. Auf dieser radelt man, vorbei am Friedhof Offenbach-Bieber, über die Brücker über der B 448; am Ende der Dietesheimer Straße nach rechts und auf dem Weg links. Wer möchte, kann hier eine weitere Rast beim Biergarten 5 **Zur Käsmühle** einlegen.

Nach dem Wirtshaus radelt man den Weg weiter und hält sich bei der nächsten Gabelung links; weiter entlang der Eichenallee und rechts in die Kirschenallee. Links ab auf den Lämmerspieler Weg folgt man diesem bis zur 6 **Laskastraße** und überquert auf dieser nach rechts die Bahngleise. Entlang der Kékuléstraße fährt man bis zur Mühlheimer Straße, rechts auf ihr weiter bis zum Friedhof und biegt hier nach links auf den 7 **Bischofsheimer Weg** ab. Diesem folgt man, bis er in die Schloßgartenstraße mündet. Auf dieser weiter, dann rechts abbiegend auf die Marstallstraße und dem Weg folgend kommt man zum Radweg am Main. Zur Rechten liegt nun das Rumpenheimer Schloss.

Am Mainufer in Offenbach

Nun radelt man am Mainufer gemütlich die Schleife entlang flussaufwärts, bis man sich dem nächsten Einkehrziel nähert. Dafür verlässt man den Radweg am Main auf Höhe der Schloßstraße beim 8 **Isenburger Schloss** und setzt den Weg auf der Mainstraße fort. Weiter auf der Bettinastraße findet sich auch schon unsere

Blick über den Main

nächste Einkehr: 9 **Apfelwein Klein**. In dem Traditionslokal wird der Apfelwein hauseigens gekeltert, für den Hunger gibt es eine extra Schnitzelkarte, für die Sportlichen auch Salatplatten. Kleiner Tipp vorweg: Hier kann man nur mit Bargeld zahlen.

Vom Apfelwein Klein aus sind es nun, die Bettinastraße weiter und links in die Ludwigstraße, nur noch 700 Meter bis zur E **S-Bahn-Station Ledermuseum**, von der aus man wieder in die S-Bahn nach Frankfurt steigen kann. Bei Bedarf kann man nach einer zu ausgiebigen Rast das Rad also auch zur S-Bahn schieben.

Ebbelwoi wird traditionell in gerippten Apfelweingläsern und Bembeln serviert.

Hessischer Apfelwein

Nicht nur für Bier, sondern auch für den Apfelwein besteht eine Reinhaltungsbestimmung. Sie wurde 1638 erlassen und die Kelterer müssen sich bis heute daran halten. Aber auch schon die Griechen, Römer und Kelten produzierten Obstwein. Für den original hessischen Apfelwein (vulgo Ebbelwoi, Äppelwoi und andere Schreibweisen) muss die Vergärung, Klärung und Abfüllung in Hessen erfolgen. Weitere Infos: www.apfelwein.de

Orte mit Geschichte

Künstlerkolonie Mathildenhöhe aus der Vogelperspektive (TOUR 18) (o. l.). Das Palais Frankfurt am Thurn-und-Taxis-Platz (TOUR 16) (o. r.). Die Bauten der Siedlung Römerstadt aus den 1920er-Jahren (TOUR 14) (u. r.). Der imposante Marktplatz im Freilichtmuseum Hessenpark (TOUR 15) (u. l.).

14 Das Neue Frankfurt

Auf den Spuren von Ernst May

Leicht 16 km 33/31 m 1.00 Std.

Tourencharakter
Auf Straßen und gut befahrbaren Radwegen geht es durch die Frankfurter Innenstadt.

Ausgangs-/Endpunkt
U-Bahn-Station Römerstadt, 60439 Frankfurt a. M. / Tram-Haltestelle Ernst-May-Platz, 60385 Frankfurt a. M.

GPS
50.153876, 8.638167

Anfahrt
U1 von der Hauptwache Richtung Ginnheim. Rückfahrt von der Haltestelle Ernst-May-Platz mit der Tramlinie 14

Einkehr
Da man durch die Stadt fährt, liegen entlang der Strecke viele Cafés oder Restaurants. Vor allem in den Stadtteilen Bockenheim und Bornheim ist die Auswahl groß.

Karte
Kompass: 3348 Frankfurt a. M. – Mainz – Rheinhessen, 1:70 000

Information
www.frankfurt-tourismus.de, Tel. 069/21 23 88 00

Diese innerstädtische Radtour mit architekturhistorischem Schwerpunkt steht ganz im Zeichen des Architekten Ernst May. Da sich die von ihm in den 1920er-Jahren geplanten Siedlungen über das ganze Stadtgebiet verteilen, lässt sich die Besichtigung der Bauten hervorragend mit einer Radtour quer durch den Großstadtdschungel verbinden.

Ausgangspunkt der Tour ist die A **U-Bahn-Station Römerstadt**, von der man innerhalb weniger Minuten in die gleichnamige Siedlung am nördlichen Rand des Niddatals gelangt. Von der Haltestelle aus schiebt man das Rad Richtung Hadrianstraße, auf die man links einbiegt. Dort fährt man nach knapp 200 Metern rechts auf »Im Burgfeld«. Auf Höhe der Geschwister-Scholl-Schule nimmt man die Rechtskurve und erreicht wenige Hundert Meter weiter das 1 **ernst-may-haus**, das mit Originalausstattung einen unverfälschten Blick in den Stil der Neuen Sachlichkeit gewährt.

Das originalgetreue ernst-mayhaus in der Siedlung Römerstadt

Nach dieser kleinen Zeitreise schwingt man sich erneut aufs Rad und fährt weiter auf der Straße »Im Burgfeld«. Man biegt nach wenigen Hundert Metern links ab und fährt »In der Römerstadt« nach Praunheim hinein und anschließend weiter auf der Straße Ohlengarten. Auf Höhe des Friedhofs geht es links auf die Haingrabenstraße zum nächsten Kreisverkehr, den man auf die Heerstraße verlässt. Dieser folgt man über einen Kilometer, bis man die ② **Siedlung Praunheim** erreicht und hier links auf den Fritz-Schumacher-Weg abbiegt. Die Reihenhäuser der Siedlung spiegeln selbst heute noch die damalige Idee des genormten Wohnens wider. Komplett saniert ist die beschauliche Wohnanlage sehr schön zu betrachten.

Die Siedlung Römerstadt ist ein Paradebeispiel für die Bauten der Frühen Moderne in Frankfurt.

Die Reihenhäuser sind charakteristisch für die Siedlungen.

Man biegt links auf den Muthesiusweg und nimmt anschließend die zweite rechts und befindet sich auf dem Heinrich-Tessenow-Weg. Von hier aus geht es am Spielplatz rechts vorbei weiter Richtung Schinkelstraße, rechts auf die Muckermannstraße, wo das Gymnasium passiert wird und man auf die Kollwitzstraße gelangt. Zwischen dieser und der Stephan-Heise-Straße befindet sich die 3 **Siedlung Westhausen**, die als Kulturdenkmal ausgezeichnet ist.

Das Neue Frankfurt und Ernst May

Im Rahmen des Stadtplanungsprogramms zur Beseitigung der Wohnungsnot wurden in den 1920er-Jahren insgesamt sieben Siedlungen mit einer Gesamtfläche von fast 125 Hektar realisiert. Diese Siedlungsbauten prägen das Stadtbild Frankfurts bis heute.

Führender Architekt dieser Bewegung des »Neuen Bauens« war Ernst May. Zusammen mit dem damaligen Frankfurter Bürgermeister Ludwig Landmann krempelte er das Stadtbild um. Auch nach dem Zweiten Weltkrieg plante und verwirklichte May noch weitere Siedlungsbauten, unter anderem in Hamburg und Wiesbaden. Infos: www.ernst-may-gesellschaft.de

Man verlässt die Siedlung auf der Stephan-Heise-Straße Richtung der gleichnamigen U-Bahn-Station und Ludwig-Landmann-Straße, auf die man rechts abbiegt und der man knapp einen Kilometer folgt. Nachdem man die Nidda überquert hat, geht es weiter auf der Straße »Am Industriehof« bis zur gleichnamigen U-Bahn-Station. Auf der Friedrich-Wilhelm-von-Steuben-Straße radelt man in den studentisch geprägten Stadtteil Bockenheim hinein, weiter auf der ❹ **Schloßstraße** und biegt – hat man den Kurfürstenplatz passiert – links in die Adalbertstraße ein. Fährt man von ihr nach rund 400 Metern rechts in die Kiesstraße, hat man mit Hausnummer 41 das Zwischenziel, das ❺ **Café Crumble**, erreicht. Das traditionsreiche Kaffeehaus bietet neben der namensgebenden Streusel-Spezialität auch eine große Auswahl an feinen Kuchen, deftige Speisen und wechselnde Tagesgerichte an. Im Sommer sitzt man im wunderschönen Hinterhof.

Zahlreiche Radwege führen sicher durch den Frankfurter Großstadtdschungel.

Nach der Pause schwingt man sich erholt auf sein Fahrrad und fährt Richtung Bockenheimer Warte weiter. Vorbei an der Universitätsbibliothek überquert man an der Ampel die große Kreuzung und fährt auf dem Radweg nach links an der B 8 und am Palmengarten entlang. Hier bleibt man und radelt vorbei am Grüneburgpark sowie dem Campus Westend der Goethe-Universität. Weiter entlang an der Adickes- und Nibelungenallee passiert man die Deutsche Nationalbibliothek und die Fachhochschule bis nach Bornheim. An der ❻ **Kreuzung Habsburger-/Wittelsbacherallee** geht es dann nach links an der Wittelsbacher Allee entlang, bis man circa einen Kilometer weiter den Ⓔ **Ernst-May-Platz** erreicht hat. Dieser Platz ist nicht umsonst nach dem bedeutenden Architekten benannt, denn hier befindet sich die Siedlung Bornheimer Hang, deren architektonisches Highlight die imposante Heilig-Kreuz-Kirche ist.

Blick auf den Campus Westend mit Europaturm

15 Freilichtmuseum Hessenpark

Eine Reise in die Vergangenheit

Schwer 25 km 136/447 m 2.30 Std.

Tourencharakter
Auf dieser Strecke fährt man zunächst auf Frankfurts Straßen in den Taunus hinein. Durch Oberursel und Bad Homburg geht es auf gut befahrbaren Rad-, Wald- und Feldwegen vorbei am Römerkastell Saalburg zum Hessenpark.

Ausgangs-/Endpunkt
U-Bahn-Station Bockenheimer Warte, 60325 Frankfurt a. M./Bahnhof Neu-Anspach, 61267 Neu-Anspach

GPS
50.120083, 8.652124

Anfahrt
U4 vom Frankfurter Hauptbahnhof Richtung Bockenheimer Warte. Rückfahrt vom Bahnhof Neu-Anspach mit der Taunusbahn Linie R15

Einkehr
Im Hessenpark finden sich mit dem Hirschgarten, dem Feldberghof oder dem Bistro Alter Markt mehrere Möglichkeiten zur Einkehr. An der Strecke bietet sich das Gasthaus Zum Wasserweibchen am Homburger Schlosspark als Ort für eine Rast an.

Karte
Regionalpark RheinMain (Hrsg.): Freizeitkarte Taunushang, 1:30 000

Information
www.hessenpark.de, Tel. 06081/5880

Das Freilichtmuseum Hessenpark im Südosten des Taunus lädt die Besucher ein, eine Zeitreise zu unternehmen und traditionelle Bautechniken und altes Handwerk hautnah zu erleben. Auch auf der Strecke befinden sich mit dem Römerkastell Saalburg und dem Bad Homburger Schloss historisch bedeutsame Bauten.

Die Tour beginnt an der Ⓐ **Bockenheimer Warte** mit der gleichnamigen U-Bahn-Station. Man startet auf die Adalbertstraße Richtung Westen, fährt danach nach rechts auf die Schloßstraße und weiter über die Friedrich-Wilhelm-von-Steuben-Straße bis zur U-Bahn-Station Industriehof, wo man leicht rechts abbiegen muss. Über die Kreuzung mit der ① **U-Bahn-Station Große Nelkenstraße** fährt man »Am Hohen Weg« unter der A 66 durch und weiter auf der Praunheimer Landstraße.

Ein beliebtes Fotomotiv: der Eingang zur U-Bahn-Station Bockenheimer Warte

Das Landgrafenschloss in Bad Homburg ist ein beliebtes Ausflugsziel.

Man folgt dem Straßenverlauf knapp 1,5 Kilometer und biegt nach Überqueren der Nidda rechts Richtung Graebestraße ab und fährt gleich darauf links in die Graebestraße ein. Anschließend geht es rechts auf »Alt-Praunheim« und dann weiter auf dem Praunheimer Weg vorbei am Martin-Luther-King-Park. Im nordwestlichen Stadtteil Niederursel angekommen radelt man auf der Straße »Alt Niederursel« weiter und biegt an der nächsten Kreuzung rechts auf die Spielsgasse ab. An der U-Bahn-Station fährt man links auf den Oberurseler Weg und verlässt so langsam die Mainmetropole Richtung Taunus. Nach knapp 200 Metern radelt man rechts auf den Radweg, der zunächst parallel zur ❷ **Rosa-Luxemburg-Straße** und später neben der Frankfurter Landstraße verläuft und in die Taunusstadt Oberursel führt.

Durch das Haupttor betritt man das ehemalige Römerkastell Saalburg.

Nach über drei Kilometern erreicht man den dortigen Friedhof, an dem man rechts auf die **3 Bommersheimer Straße** abbiegt und weiter auf der Burgstraße fährt. Man fährt links auf den Radweg ein, unter der A661 durch und folgt dem Radweg an der Homburger Landstraße entlang bis auf die Urseler Straße. Ruckzuck ist man so bereits in Bad Homburg. Hier radelt man auf dem Hindenburgring am **4 Schlosspark Bad Homburg** vorbei und auf der Höhe des Evangelischen Friedhofs dann zwei Kilometer lang weiter auf der Saalburgstraße und Lindenallee durch das gemütliche Bad Homburg. Beim **5 Landgraf-Friedrich-Platz** (Bushaltestelle) biegt man rechts auf die Victor-Archad-Straße ab, links auf den Oberen Reisberg, an der Landgraf-Friedrich-Straße rechts haltend und am Golfplatz vorbei auf dem Hammelhansweg.

Römerkastell Saalburg

Mittelpunkt des archäologischen Parks in Bad Homburg ist die Rekonstruktion des Römerkastells aus dem 2. Jahrhundert. Daneben informieren ein Museum und der Limes-Erlebnispfad über das Gelände samt UNESCO-Weltkulturerbe, dem Limes. Öffnungszeiten: März bis Oktober täglich 9–18 Uhr, November bis Februar Dienstag bis Sonntag 9–16 Uhr; weitere Infos: www.saalburgmuseum.de

Die Principia bildete das Zentrum des Kastells; hier zu sehen: die Vorhalle.

Im Hessenpark dokumentieren detailgetreue Fachwerkbauten interessante Alltagsgeschichte aus vergangenen Jahrhunderten.

Anschließend geht es zwei Kilometer durchs Grüne, bis man den Landgasthof Saalburg und somit auch das 6 **Römerkastell Saalburg** erreicht hat. Man passiert die Festung auf der linken Seite und gelangt so zum Pfahlgraben des Limes-Grenzwalls. Man fährt die zweite links, dann die zweite rechts, dann wiederum links, bis man auf die Roßkopfstraße kommt. An deren Ende biegt man rechts auf »Am Löschteich« und fährt anschließend an besagtem Löschteich links auf den Laubweg. So hat man schon bald das E **Freilichtmuseum Hessenpark** erreicht.

Nach der Besichtigung dieser spannenden Dauerausstellung geht es mit der Buslinie 64 an den Bahnhof Neu-Anspach und von dort zurück nach Frankfurt. Wer noch motiviert ist, kann dieses Stück natürlich noch mit dem Radl zurücklegen.

Wie auf einem Bauernhof leben im Hessenpark auch zahlreiche Tiere, wie beispielsweise das Vorwerkhuhn.

Hessenpark

Im Freilichtmuseum Hessenpark erfährt der Besucher Geschichte in Reinform. Detailgetreu ist hier das kleinstädtische und dörfliche Alltagsleben vom 17. Jahrhundert bis in die 1980er-Jahre porträtiert. Neben der über 150 000 Objekte umfassenden Sammlung beherbergt der Hessenpark u.a. auch gefährdete Nutztierarten – lebendiger wird Historie selten vermittelt. Infos: www.hessenpark.de

16

Hölderlinpfad

Auf den Spuren großer Dichtung

 Leicht
 24 km
 88/88 m
 1.15 Std.

Tourencharakter
Die blauen Hölderlinpfad-Wegweiser führen den Radfahrer sicher ans Ziel. Die Wege sind größtenteils asphaltiert oder gepflastert. Der Rest ist auf geschotterten Wegen gut zu bewältigen.

Ausgangs-/Endpunkt
Goethe-Haus, Großer Hirschgraben 23–25, 60311 Frankfurt a. M. / Bahnhof Bad Homburg, 61352 Bad Homburg v. d. Höhe

GPS
50.111441, 8.677622

Anfahrt
Anfahrt mit der S- oder U-Bahn zur Hauptwache. Rückfahrt mit der S5 vom Bahnhof Bad Homburg

Einkehr
Unterwegs empfiehlt sich das Tower Café am Alten Flugplatz, am Tourende beim Homburger Schlosspark die Klosterschänke (Herrngasse 1).

Karte
Regionalpark RheinMain (Hrsg.): Freizeitkarte Taunushang, 1:30 000

Information
www.frankfurt-tourismus.de, Tel. 069/21 23 88 00; www.bad-homburg.de, Tel. 06172/100 0

Wer den Fußspuren eines großen Dichters folgen möchte, ist hier genau richtig. Friedrich Hölderlin verweilte einige Jahre in Bad Homburg und verewigte seine Liebe zur Natur in dem Werk »Hyperion«. Der Hölderlinpfad führt vom Goethe-Haus bis in den Taunus.

Rechte Seite: An der Holzhausenstraße befindet sich der gleichnamige Park, der sich für eine kleine Rast anbietet.

Das Goethe-Haus in der Frankfurter Innenstadt

Die Tour beginnt am **A** **Goethe-Haus** (siehe Tour 6) und damit am Großen Hirschgraben. Von diesem geht es nach rechts in die Weißadlergasse und dann links weiter über den Kornmarkt zur Katharinenpforte, wo man über die Hauptwache und die Große Eschenheimer Straße am Thurn-und-Taxis-Platz vorbeifährt. Weiter über die Stiftstraße und die Bleichstraße fährt man am **1** **Eschenheimer Tor** vorbei bis zum Bürgergarten. In diesem fühlt man sich schnell in das 19. Jahrhundert zurückversetzt, von mythologischen Figuren und Rosen gesäumte Kieswege laden zu einem Spaziergang ein.

Weiter geht es über den Oeder Weg bis zur Schwarzburgstraße, dann biegt man scharf links ab, um kurz auf dem Oeder Weg zu bleiben, dann noch mal rechts in die Kastanienallee und biegt anschließend am Holzhausenpark rechts in die Justinianstraße ein, dann nach links in die Holzhausenstraße. Nun fährt man nach rechts in die Eysseneckstraße und folgt dieser bis zur Adickesallee. In diese biegt man nach rechts ein, von ihr alsbald links in die Bertramstraße ab und folgt dieser. Nach dem **2** **Funkhaus am Dornbusch**, dem Hauptsitz des Hessischen Rundfunks, zweigt man rechts in die Bertramwiese ab, fährt an ihr links vorbei, dann rechts in die Ammelburgstraße und anschließend links in die Kaiser-Sigmund-Straße.

Das originelle GrünGürtel-Tier an der Niddabrücke beim Alten Flugplatz

Auf dieser radelt man am »Pilz-Park« vorbei, bis rechts ein kleiner Pfad abgeht, dem man durch die Kirschwaldstraße folgt. Kurz vor der Jean-Monnet-Straße fährt man auf dem Radweg links bis zur Hügelstraße, dann nach rechts an der Gebrüder-Hommel-Anlage vorbei. Rechts in die Sigmund-Freud-Straße an den Tennisanlagen vorbei folgt man danach dem Weg bis zur Niederbornstraße links und fährt an der Martin-Zahn-Straße vorbei. Man folgt der Niederbornstraße, bis diese zum Hölderlin-Pfad wird und man dann links über die Homburger Landstraße in den Walnußweg abbiegt.

Vom Walnußweg aus fährt man nach rechts über den Berkersheimer Weg, von dem gleich links der Weg Lachgraben parallel zur Homburger Landstraße verläuft. Man folgt dem Weg, bis man die Nidda erreicht, dann rechts auf den ❸ **Niddaradweg** abbiegt und die herrliche Flusslandschaft genießen kann. Den Niddaweg entlang geht es bis zum Frankfurter GrünGürtel-Tier. Dort überquert man den Nidda und fährt am ❹ **Alten Flugplatz** vorbei (siehe Tour 4), »Am Burghof« entlang und biegt dann nach links in den Kalbacher Niddapfad.

Diesem folgt man, bis rechts die Alte Riedbergstraße abgeht, und fährt den Weg links, überquert den Kalbacher Stadtweg und erreicht so den ❺ **Kätcheslachweiher**. Nach dem Weiher fährt man rechts, danach gleich wieder links an den Häusern am Stadtrand vorbei. Dann biegt man rechts an der Bergstraße ein, folgt dieser bis zum Ende, wo man links in die Bachstraße einbiegt und kurze Zeit später der Straße »Am Hopfenbrunnen« rechts folgt.

Kleine Wegweiser begleiten die Radfahrer auf dieser Hölderlin-Tour.

Hölderlinpfad

Der Pfad beruht, wenn man so will, auf einer Liebesgeschichte. Hölderlin, unglücklich verliebt in die wunderschöne, aber verheiratete Susette Gontard, muss aus Frankfurt fliehen und findet Zuflucht bei seinem Freund Sinclair in Bad Homburg. Heute ist der Pfad mit vielen interessanten Informationen zu Hölderlin beschildert. Es lohnt sich also, ab und an Halt zu machen und seine Geschichte nachzulesen.

Die Rückseite des Schlosses in Bad Homburg mit Park

Man unterquert die Landstraße und auf der ersten Straße links die Autobahn. Kurz darauf kann man in den Radweg rechts einbiegen und fährt auf ihm bis zum Ende. Dann biegt man wenig später nach links, überquert die Autobahn und folgt dem Weg, bis man links in den Taunusgraben einschwenkt. Auf diesem fährt man an Feldern vorbei und über die Pappelallee, bis er einen Bogen nach rechts und dann nach links bei den Hochtaunuskliniken macht.

Man folgt weiter dem Weg und biegt die zweite Straße rechts ab, wo man rechter Hand am Zeppelinstein vorbei direkt zur Zeppelinstraße gelangt. Dann zweigt man nach links ab und fährt parallel zur Zeppelinstraße bis zum Ende des Weges. Dort rechts ab unterquert man die Zeppelinstraße und gelangt dann links abzweigend zur Urseler Straße. In diese biegt man rechts ein und folgt ihr so lange, bis ein kleiner Weg an der Hölderlin-Schule vorbeiführt. Über den Meiereiberg am Schlossteich entlang und schließlich in die Löwengasse erreichen wir das 6 **Museum Sinclair-Haus** für zeitgenössische Kunst gegenüber dem Schloss Bad Homburg.

Von dort sind es auf der »Schönen Aussicht« und rechts über den Marienbader Platz nur noch etwa 1,3 Kilometer bis zum E **Bahnhof Bad Homburg**.

Susette Gontard und Hölderlin

Es mag 1784 gewesen sein, als sich Hölderlin in die wohlhabende Hamburger Bankierstochter Susette Borkenstein – seine Diotima – verguckte. Zwei Jahre später heiratete sie einen anderen, zehn Jahre später besucht Hölderlin sie und unterrichtet das älteste der vier Kinder. Zwischen den beiden entwickelt sich eine innige Beziehung, die 1798 ein jähes Ende nimmt, aber mit heimlichen Treffen in Homburg wiederauflebt.

17

Kloster Seligenstadt

Der Klassiker am Mainufer

Mittel 45 km 133/72 m 2.15 Std.

Tourencharakter
Die Strecke geht einen großen Teil am flachen Mainufer entlang. Der Startpunkt der Tour liegt inmitten Frankfurts und ist gut mit öffentlichen Verkehrsmitteln erreichbar.

Ausgangs-/ Endpunkt
U-Bahn-Station Dom/Römer, 60311 Frankfurt a. M. / S-Bahnhof Weiskirchen-Rodgau, 63110 Rodgau

GPS
50.110639, 8.683414

Anfahrt
Mit der U4 vom Frankfurter Hauptbahnhof zur Haltestelle Dom/Römer. Rückfahrt von der S-Bahn-Station Weiskirchen-Rodgau mit der S1

Einkehr
Am Zielort Seligenstadt ist die Eisdiele Eis-Kaiser zu empfehlen.

Karte
Kompass: Fahrradkarte 3072 Aschaffenburg – Spessart – Main, 1:70 000

Information
www.seligenstadt.de,
Tel. 06182/87 0

Die Tour zum Kloster Seligenstadt, einer ehemaligen Benediktinerabtei, ist nicht umsonst ein Klassiker: Am schönen Weg am Main entlang gibt es so viel zu entdecken, dass man sein Ziel im Auge behalten muss.

Diese Tour kann man sehr gut inmitten von Frankfurt beginnen. An der Ⓐ **U-Bahn-Station Dom/Römer** geht es los. Nach dem Überqueren der ❶ **Flößerbrücke** fährt man am Deutschherrenufer den Main aufwärts auf dem Radweg nahe am Fluss entlang. Man unterquert die Deutschherrenbrücke, um sie anschließend zu überqueren und folgt dem Weg unter dem Schatten der Bäume. An der Schleuse Offenbach biegt man kurz links ab und wählt schließlich die rechte Weggabelung. Schiffsbegeisterte können hier einen Halt machen und von der Schleuse aus über den Main blicken. Weiter geht es am Mainkai Offenbach.

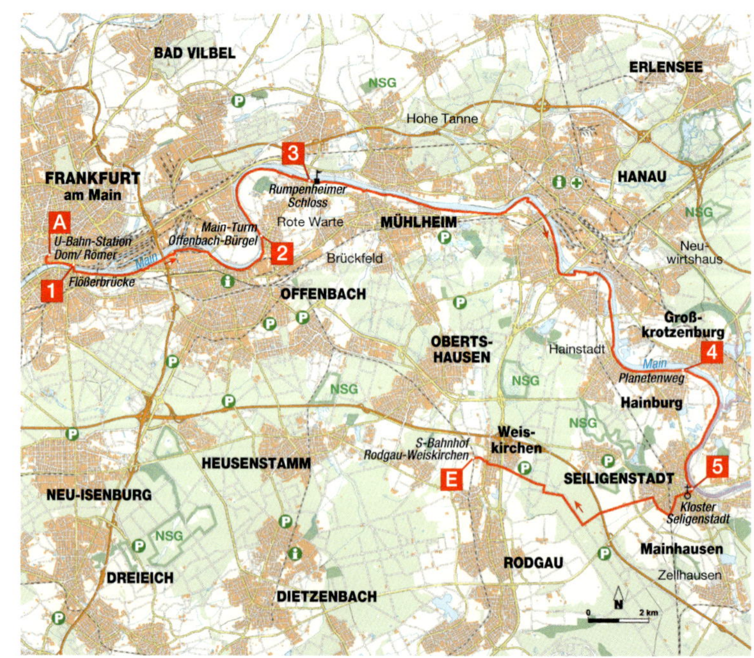

Für Kinder gibt es am Weg immer wieder schöne Spielplätze zu entdecken; wer möchte kann Zwischenstopps einlegen. Nach dem Hafenspielplatz überquert man die Straße »Am Hafendeck« über den Hafenplatz, und weiter geht es auf dem Fahrradweg. Vor dem 2 **Main-Turm Offenbach-Bürgel** biegt man links ab und folgt der Straße am Main. Wer möchte, kann hier ein bisschen abkürzen und durch Rumpenheim fahren. Wir fahren den Mainbogen aus und bleiben am Fluss, weiterhin links haltend. Schließlich passiert man das 3 **Rumpenheimer Schloss**. In dessen Parkareal finden im Sommer diverse Kulturveranstaltungen statt.

Am Mainturm werden Getränke, kleine Snacks sowie ausreichen Sonnenplätze geboten.

Im Schlosspark Rumpenheim finden regelmäßig kulturelle Veranstaltungen statt, wie die Rumpenheimer Kunsttage.

Rumpenheimer Schloss

Die Schlossanlage am Mainufer in Offenbach wurde ab 1678 errichtet. Nach zeit- und kriegsbedingtem Verfall zeigt sie sich seit 2002 wieder von ihrer schönen Seite. Das renovierte Schloss birgt heute exklusive Privatwohnungen und kann nicht besichtigt werden, der Park ist aber öffentlich zugänglich.

Anschließend wählt man die linke Weggabelung. An der Staustufe Mühlheim können die Schiffliebhaber wieder eine Rast einlegen. Am Campingplatz Mainpark-Nizza und dem Hanauer Boots-Club vorbei schwenken wir mit dem Main in Richtung Süden. An der nächsten Brücke besteht die Möglichkeit, den Main zu überqueren und einen Abstecher nach Hanau, der Geburtsstadt der Gebrüder Grimm, zu unternehmen.

Der historische Brunnen im Schlosshof Steinheim

Auf der ursprünglichen Route lässt man am Schlossgarten Steinheim vorbei den Weißen Bergfried hinter sich und unterquert die B 43a; nach der Mainmündung biegt man links ab. Anschließend wendet man sich nach rechts und folgt erneut dem Weg am Main. Wir lassen die Staustufe Krotzenburg hinter uns. Am Alten Fähranleger lohnt sich eine kurze Rast, um den idyllischen Blick auf die bayerische Seite des Mains fotografisch festzuhalten. Weiter geht es auf dem 4 **Planetenweg**. Hier blickt man über den Main stets in das benachbarte Bundesland Bayern. An den weiten Feldern entlang kann man hier seinen Gedanken freien Lauf lassen. Zur Rechten erscheinen bald einige kleine Seen. Wer möchte, kann hier nach rechts abbiegen und sich beispielsweise im Badesee Klein-Krotzenburg erfrischen.

Die ehemalige Kaiserpfalz, das Palatium, ließ im 12. Jahrhundert Friedrich I. Barbarossa errichten.

Aus den Geleitslöffeln mussten die Neulinge im Kloster als »Nagelprobe« einen Liter Wein trinken. Bis heute ist dieser Brauch – in abgeschwächter Form – Teil des jährlich stattfindenden Seligenstädter Geleits.

Links: Als eines der ältesten Gebäude Seligenstadts diente der Pulvertum bis ins 16. Jahrhundert als Lager für Schießpulver.

Nun ist es nicht mehr weit bis zum Ziel. Man hält sich weiter auf dem Weg, mit dem Main zur Linken. Nach dem Pulverturm passiert man auch das Palatium und biegt nach der Station der Mainfähre »Stadt Seligenstadt« rechts ab. Nun kann man die Anlagen von 5 **Kloster Seligenstadt** erkunden. Am besten erholt man sich mit einem Eis von Eis-Kaiser an einem schönen Fleckchen im Klostergarten oder am Main. Seligenstadt erfreut das Herz eines jeden Hessen-Liebhabers mit pitoresken Fachwerkhäusern.

Nach einer langen Rast ist nun die einfachste Variante, den Weg am Main zurück nach Frankfurt zu wählen. Wem die Strecke in einfacher Richtung aber reicht, kann den Rückweg abkürzen, fährt noch ein paar Kilometer zur nächsten S-Bahn-Station und steigt in E **Weiskirchen** in die S1 zum Hauptbahnhof.

Kloster Seligenstadt

Die Klosteranlage der ehemaligen Benedektinerabtei Seligenstadt geht auf eine Gründung um 830 n. Chr. zurück. Das Gebäude wurde über die Jahrhunderte erweitert. Während des Barocks wurde es stark umgebaut. Im Jahr 1803 wurde das Kloster aufgelöst. Im dortigen RegioMuseum finden regelmäßig Führungen statt.

Blick vom Garten auf das Klostergebäude

18

Zur Künstlerkolonie

Ausflug auf die Mathildenhöhe in Darmstadt

Mittel 30 km 67/120 m 2.00 Std.

Tourencharakter
Die Strecke führt zunächst durch die Kleinstädte Neu-Isenburg und Dreieich und anschließend durch ein größeres Waldstück bis nach Darmstadt. Auf sehr gut befahrbaren Rad-, Neben- und Waldwegen ist die Tour auch optimal für Gelegenheits-Fahrradfahrer geeignet.

Ausgangs-/Endpunkt
Bahnhof Neu-Isenburg, 63263 Neu-Isenburg/ Bahnhof Darmstadt-Kranichstein, 64291 Darmstadt

GPS
50.052935, 8.665952

Anfahrt
S3 und S4 vom Frankfurter Hauptbahnhof Richtung Wiesbaden/Niedernhausen. Rückfahrt von der Haltestelle Mathildenhöhe mit der Buslinie F zum Darmstädter Hauptbahnhof; von dort mit der S3 und S4 zurück nach Frankfurt

Einkehr
In der Fahrgasse in Dreieichenhain befindet sich das urige Gasthaus Alte Burg, das hessische Köstlichkeiten auftischt. Ein Schwenkgrill ist die Attraktion am Alten Forsthaus Kalkofen. Am Tourenziel serviert das gemütliche Café unter den Platanen hausgemachte Kuchen.

Karte
Kompass: 3348 Frankfurt a. M. – Mainz – Rheinhessen, 1:70 000

Information
www.darmstadt-tourismus.de, Tel. 06151/13 45 13; www.mathildenhoehe.eu

30 Kilometer südlich von Frankfurt liegt die Universitätsstadt Darmstadt – ein wunderbares Ausflugsziel, vor allem für kunsthistorisch Interessierte. Die Künstlerkolonie auf der Mathildenhöhe, die Darmstadt einst zum Zentrum des Jugendstils machte, ist das Ziel dieser Radtour, die zum großen Teil durch idyllische Natur führt.

Diese Tour beginnt nicht auf dem Fahrrad, sondern mit einer S-Bahn-Fahrt in die südlich der Mainmetropole gelegene Hugenottenstadt **Neu-Isenburg**. Vom Ⓐ **Bahnhofsplatz** aus geht es dann mit dem Rad über die Bahnhofstraße bis zu deren Ende. Dort rechts fährt man dann auf der ❶ **Frankfurter Straße** durch den beschaulichen Stadtkern und anschließend weiter Richtung Süden nach Dreieich – mit 40 000 Einwohnern die zweitgrößte Stadt des Landkreises Offenbach.

Nach circa vier Kilometern biegt man im Stadtteil Sprendlingen von der Hauptstraße rechts auf die Darmstädter Landstraße ab, um nach 400 Metern links auf die ❷ **Hainer Chaussee** einzufahren. Auf ihr geht es dann vorbei am Freibad sowie am Bahnhof Dreieich Weibelfeld und durch den für seine wunderschönen Fachwerkbauten bekannten Stadtteil Dreieichenhain.

Ein Highlight des Besuchs in Dreieichenhain ist neben den wunderschönen Fachwerkbauten die Burgruine Hayn.

Wer jetzt bereits eine kleine Verschnaufpause einlegen möchte, der sollte unbedingt nach zwei Kilometern links auf die Fahrgasse abbiegen, die pittoreske Architektur der Altstadt inklusive der Burgruine Hayn bewundern und im ❸ **Gasthaus Alte Burg** hessische Spezialitäten genießen. Danach geht es zurück zur Einmündung der Fahrgasse in die Hainer Chaussee, die man überquert, woraufhin man auf die Waldstraße gelangt. Umgehend danach führt die Tour links auf die Maienfeldstraße,

Linke Seite: Ländliche Idylle in Dreieichenhain

Der pompöse Eingangsbereich des Ernst-Ludwig-Hauses auf der Mathildenhöhe

Mitte: Auf der Mathildenhöhe kommt man aus dem Staunen kaum heraus: Besonders beeindrucken der Hochzeitsturm und die Russische Kapelle.

die man kurz vor ihrem Ende rechts auf einen Radweg verlässt. Auf Höhe des Tennisplatzes radelt man erneut links auf 4 **Im Haag**, überquert die Offenthaler Landstraße und geradeaus auf einen Weg Richtung Waldparkplatz. Kurz vor dem Parkplatz biegt man rechts ab und folgt dem Weg tiefer in den Wald hinein. Nach 350 Metern biegt man wiederum links ab. Auf diesem Weg wird nach knapp vier Kilometern der 5 **Hegbach** überquert. Das ruhige Naturschutzgebiet Hegbachauen bei Messel bietet sich wunderbar für eine kleine Rast an. Hier kann man ganz entspannt im Grünen sitzen, dem Plätschern des Flusses lauschen und sich an seinem mitgebrachten Proviant erfreuen.

Erholt und gestärkt radelt man vom Flussufer circa 50 Meter weiter Richtung Süden und biegt dann rechts ab. An der 6 **vierten Wegkreuzung** biegt man nach links in den Weg ein. Nach etwas über einem Kilometer kreuzt der Hahnwiesenbach den Weg und einen weiteren Kilometer später überfährt man die Kalkofenschneise. Wenn man sich bis dahin noch keine größere Rast gegönnt hat, ist spätestens jetzt der Zeitpunkt gekommen, auf der Kalkofenschneise einen kurzen Abstecher nach rechts zu machen und im 7 **Alten Forsthaus Kalkofen** einzukehren. Die romantisch gelegene Waldgaststätte überzeugt nicht nur kulinarisch, sondern auch mit ihrem Ambiente im Grünen.

Künstlerkolonie Darmstadt

Auf dem Gelände der Gruppe um verschiedene Jugendstil-Künstler auf der Mathildenhöhe reiht sich ein Prachtbau an den anderen. Im frühen 20. Jh. wirkten hier Peter Behrens, Ludwig Habich, Hans Christiansen und viele mehr. Info: www.mathildenhoehe-darmstadt.de

Im Anschluss radelt man auf der Kalkofenschneise 150 Meter zurück und dann

Der erste realisierte Entwurf des Architekten Peter Behrens war sein eigenes Wohnhaus auf der Mathildenhöhe.

gleich nach rechts auf dem Waldweg Richtung Dianaburg. Den klassizistischen Jagdpavillon umfährt man, überquert das Bächlein Silz und biegt nach 450 Metern rechts auf einen Weg ab, der nach weiteren 600 Metern zur Eckhardwiesenstraße wird. Dann geht es vorbei am 8 **Bahnhof Darmstadt-Kranichstein** und links auf die Jägertorstraße. Auf dieser radelt man weiter, passiert den Ruthsenbach sowie die Brentanoanlagen und biegt kurz darauf links in die Kranichsteiner Straße ab.

Diesem wird 1,5 Kilometer lang gefolgt, bis man kurz hinter der Oetinger Villa, einem selbstverwalteten kulturellen sowie politischen Zentrum, links auf den Spessartring einfährt. Nach dem Überqueren der Dieburger Straße geht es rechts auf den Hoetgerweg und von dort links auf den Lucasweg. Von hier aus muss man nur noch rechts auf den Olbrichweg einfahren und hat beim Hochzeitsturm den Sabaisplatz und somit das 9 **Café unter den Platanen** erreicht. Von dort aus kann man sich auf den Weg machen, um die imposante Gartenanlage rund um die Künstlerkolonie Mathildenhöhe samt ihren eindrucksvollen Jugendstilbauten zu erkunden.

Die Heimreise tritt man ebenfalls über den Spessartring an, überquert die Kranichsteiner Straße und folgt dem Rhönring, bis man rechts auf die Frankfurter Straße einbiegt, auf der man nach knapp einem Kilometer den E **Bahnhof Darmstadt-Nord** erreicht. Hier kann man mit der Regionalbahn zurück nach Frankfurt fahren.

Hochzeitsturm

Der 48,5 Meter hohe Jugendstil-Bau auf der Mathildenhöhe ist eines von Darmstadts Wahrzeichen. Mit einem Aufzug kann man auf die Aussichtsplattform gelangen und so einen wunderbaren Blick auf Darmstadt genießen. Info: www.hochzeitsturm-darmstadt.eu

Am Wasser

Vom Sachsenhäuser Mainufer überblickt man die imposante Skyline (TOUR 21) (o. l.). Im Rüsselsheimer Verna-Park (TOUR 21) (o. r.). In Seligenstadt werden die Radfahrer per Fähre über den Main befördert (TOUR 20) (u. r.). Die Ölhafenbrücke am Mainufer in Raunheim (TOUR 24) (u. l.).

19

Walldorfer See und Langener Waldsee

Rein ins kühle Nass

Leicht 13 km 34/35 m 1.00 Std.

Tourencharakter
Auf der leichten Achter-Rundtour bewegt man sich auf überwiegend befestigten Wegen. Die Strecke ist auch für ungeübte Fahrer gut zu meistern.

Ausgangs-/Endpunkt
Bahnhof Walldorf (Hess), 64546 Mörfelden-Walldorf

GPS
50.003444, 8.580640

Anfahrt
Mit der S7, Haltestelle Walldorf

Einkehr
Am Walldorfer See bzw. am Langener Waldsee empfiehlt sich ein Picknick, bei ersterem gibt es auch einen Grillplatz. Einen Badekiosk mit kleinen Speisen, Getränken und Eis bieten beide Strandbäder.

Karte
Kompass: 3348 Frankfurt a. M. – Mainz – Rheinhessen, 1:70 000

Information
www.moerfelden-walldorf.de, Tel. 069/69 32 69

Die Tour beginnt in Walldorf am Bahnhof und führt zum Walldorfer Badesee. Von dort aus geht es – für geländegängige Radler wahlweise auf einem Sandtrail – zum beliebten Langener Waldsee, der auch Veranstaltungsort des »Ironman Germany« ist.

Startpunkt ist der **A Bahnhof Walldorf (Hess)**. Von dort fährt man über die Farmstraße bis zur Aschaffenburger Landstraße, in die man vom Kreisverkehr kommend nach circa einem Kilometer links einbiegt. Nach etwa 300 Metern überquert man auf der Brücke die A 5 und schon ist man am Eingang zur **1 Badestelle des Walldorfer Sees**. Von dort biegt man links am Eingang ab und nach etwa 290 Metern ist man schon am Ufer. Das schöne Wasser und der Sandstrand schaffen Urlaubsfeeling. Es gibt aber nicht nur einen Beach, sondern auch grüne Liegeflächen, Möglichkeiten zum Volleyball oder Tischtennis, einen kleinen Wald, einen Grillplatz und einen Kiosk. Wer keine Decke dabeihat oder sowieso nicht auf der Wiese liegen will, kann sich einen Strandkorb mieten. Von dort aus lassen sich die Badegäste beobachten und Sommerlektüre genießen.

Hat man genug Sonne getankt, folgt man von dort weiter der Aschaffenburger Straße links bis zur **2 Frankfurter Landstraße** und überquert diese in Richtung Egelsbacher See. Alle an Vogelkunde Interessierten sollten hier Halt machen. Denn in diesem renaturierten Gebiet haben sich einige Vogelarten niedergelassen, die sonst nur noch selten zu sehen sind.

Badespaß am Langener Waldsee

Etwa 1,4 Kilometer nach der Frankfurter Landstraße biegt man – etwa auf Höhe der US-Army-Sendeanlage rechter Hand – nach links in die ❸ **Steingrundschneise** ein. Nach etwa einem Kilometer geht links ein Sandtrail ab; wer dort entlangfahren möchte, hat sicherlich seinen Spaß, sollte aber das richtige Equipment (Mountainbike, griffiges Reifenprofil, Schutzkleidung) und sicheres Fahrgefühl mitbringen. Wer nicht gerne im Sand fährt, kann diesen Trail umgehen und stattdessen etwa 400 Meter weiter der Steingrundstraße folgen und dann nach links in die Einzelheckschneise einbiegen und noch einmal links in die ❹ **Brunnenschneise** einschlagen.

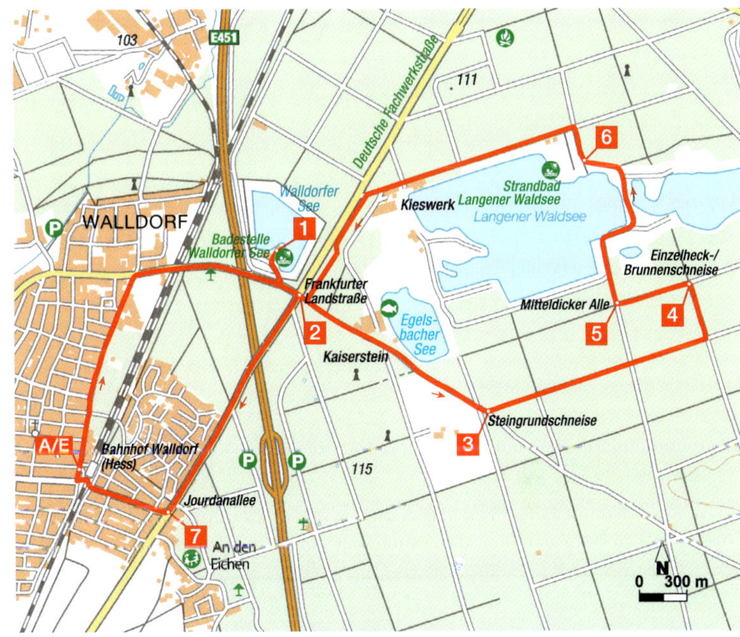

Nach nicht mal einem halben Kilometer folgt man dann rechts der ❺ **Mitteldicker Allee**, die direkt am **Langener Waldsee** entlangführt, wo man schließlich das ❻ **Strandbad** erreicht (siehe auch Tour 28). Der Langener Waldsee ist ein etwa 80 Hektar großer Baggersee, von Mitte Mai bis Mitte September kann man hier die Sonne genießen oder Wassersport betreiben.

Von dort aus radelt man weiter auf der Kleinseeschneise um den See herum, bis man auf einen Radweg neben der Aschaffenburger Landstraße gelangt, dem man nach links folgt. An der Kreuzung geht es geradeaus weiter auf der ❷ **Frankfurter Landstraße**, von der man nach etwa 1,6 Kilometern rechts in die ❼ **Jourdanallee** abbiegt und so wieder zurück zum Ⓔ **Bahnhof Walldorf (Hess)** findet. Hier kann man sich dann braungebrannt auf den Heimweg machen.

Walldorfer See

In den 1970er-Jahren wurde damit begonnen, aus einer mit Grundwasser gefüllten Kiesgrube einen Badesee zu machen. Das Gebiet wurde bepflanzt und renaturiert. Heute dient es nicht nur zum Baden, es ist auch ein beliebtes Angelrevier, in dem sich u. a. Karpfen, Zander, Barsche und Aale tummeln. Die Badestelle ist i. d. R. von Mitte Mai bis Mitte Sept. täglich ab 9 Uhr geöffnet.

20

Die Kahler Seenplatte

Damals Tagebau, heute Naturlandschaft

Leicht

27 km

63/64 m

2.00 Std.

Tourencharakter
Die leichte Fahrradtour führt auf größtenteils befestigten Wegen den Main entlang.

Ausgangs-/Endpunkt
Bahnhof Kahl am Main, 63796 Kahl a. M.

GPS
50.076478, 9.005249

Anfahrt
Anreise mit dem Regionalexpress alle 2 Stunden vom Frankfurter Hauptbahnhof Richtung Bamberg oder Würzburg. Rückfahrt mit dem RE ab Bahnhof Kahl (Main)

Einkehr
In Seligenstadt finden sich viele schöne Kaffeehäuser, unter anderem das Café Haas, das mit Mehlspeisen und Torten lockt. Wer mehr Lust auf Eis verspürt an einem sonnigen Tag, ist gut beraten, sich die Kugeln im Eiscafé Maintor nicht entgehen zu lassen.

Karte
Kompass: Fahrradkarte 3072 Aschaffenburg – Spessart – Main, 1:70 000

Information
www.kahl-main.de, Tel. 06188/94 40; www.seligenstadt.de, Tel. 06182/87 0

Das Frankfurter Umland hat einiges zu bieten, vor allem die abwechslungsreiche Seenlandschaft kann sich sehen lassen. Die Tour führt uns ins Grenzgebiet zwischen den bayerischen Landkreis Aschaffenburg und den hessischen Main-Kinzig-Kreis durch viel Grün und vor allem: viel Wasser!

Vom Ausgangspunkt am A **Kahler Bahnhof** fährt man in die Poststraße und dann links auf die Hanauer Landstraße, die sich nach 450 Metern bei der Skulptur 1 **Kahler Sandhas** mit der St 3308 vereinigt. Dieser folgt man bis zur nächsten Kreuzung, biegt hier rechts in die Krotzenburger Straße und gleich darauf wieder links in den 2 **Naßmühlweg**, auf dem man den Kahlfluss überquert. Im Anschluss folgt man dem Flusslauf der Kahl Richtung Westen an der ehemaligen Braunkohlegrube vorbei, dem jetzigen See Emma-Süd. Seine Ufer sind allerdings in Privatbesitz und nicht zugänglich, was einen aber nicht sonderlich zu stören braucht, denn weiter geht es der Kahl entlang.

Nach etwa zwei Kilometern gelangt man dann zum 3 **»Tiefsten Punkt Bayerns«** an der Kahlenmündung, wo die Kahl in den Main hineinfließt. Der Punkt ist durch eine Aluminiumstele markiert: 102,3 Meter über dem Meeresspiegel. Vorbei am

Wagenmotorfähre Seligenstadt

Von den Seligenstädtern nur »Neewe« genannt – das Wort wurde aus dem Mittelhochdeutschen übernommen und bedeutet so viel wie »nah machen«. Man geht davon aus, dass es die Fährverbindung über den Main bereits seit dem 9. Jahrhundert gibt. Dem Kloster war es so möglich, Personen und Güter über den Fluss zu bringen. Heute pendelt die Seligenstädter Personen- und Autofähre zwischen dem hessischen und dem bayerischen Mainufer.

Ein kurzes Vergnügen: Ruckzuck hat man mit der Fähre den Main überquert.

Campingplatz und beim Hotel »Am Leintritt« dem Mainuferweg folgend, ist das Wasser steter Begleiter und bleibt immer in Sicht. Nach etwas mehr als fünf Kilometern kann man beim Wartehäuschen der Mainfähre absteigen und den Blick über den gegenüberliegenden Ort Seligenstadt schweifen lassen und die Aussicht genießen, während man auf die Fähre wartet. Diese verkehrt zwischen den beiden Bundesländern Bayern und Hessen über den Main.

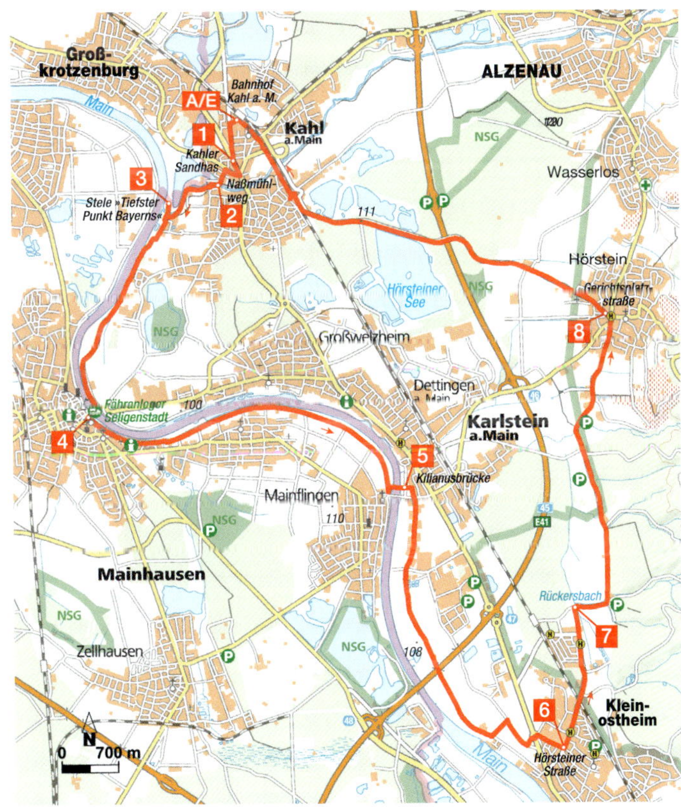

Nach einer recht kurzen, aber sehr schönen Fahrt über den Fluss kommt man vom ❹ **Fähranleger** am anderen Mainufer in die schöne Stadt **Seligenstadt** an der rechtswendenden Mainschleife – ein Abstecher lohnt sich auf jeden Fall. Vor allem Süßspeisenfreunde dürften jubilieren, da es viele nette kleine Kaffeehäuser und Konditoreien gibt, zum Beispiel das Café Haas am Marktpatz, das mit vielen Kuchen und Torten nicht nur Radfahrer vom Drahtesel lockt. Bei schönem Wetter empfiehlt es sich, draußen Platz zu nehmen und

Der malerische Marktplatz in Seligenstadt lädt zum Verweilen ein.

das Treiben der Stadt zu beobachten. Wem der Sinn und das sommerliche Gemüt eher nach Eis steht, der muss erst gar nicht bis zum Marktplatz weiterfahren, sondern kann sich im Eiscafé Maintor niederlassen und gepflegt ein paar Kugeln Eis verdrücken.

Nach dem Auffüllen der Zuckerreserven geht es flussaufwärts weiter den Mainuferweg entlang bis zur 5 **Kilianusbrücke**. Über die Fußgängerbrücke erreicht man wieder die bayerische Karlsteiner Seite und radelt weiter am Mainufer, bis linker Hand die Bong'sche Kiesgrube auftaucht und man unter der Bundesautobahn 45 durch bis zur Bootsschleuse Kleinostheim gelangt. Dort biegt man links ab, gleich darauf rechts auf den Mittelweg und folgt der ersten Straße links bis zum Kreisverkehr. Diesen verlässt man an der zweiten Ausfahrt, biegt rechts in die Kardinal-Faulhaber-Straße und dann links in die 6 **Hörsteiner Straße**.

Über die Bahnüberführung kommt man zum 7 **Rückersbach**. Hier fährt man nach rechts den Bach entlang und nach 400 Metern links auf dem Weg Schluchthof, der dann zum »Lindenhof« wird und als Weg Birkenhof in den Ort Hörstein führt. Er ändert noch einmal seinen Namen, und so biegt man in der Ortsmitte vom Aschaffenburger Weg links in die 8 **Gerichtsplatzstraße** ab und fährt an Wiesen und Feldern am naturbelassenen Hörsteiner See vorbei, der an das Naturschutzgebiet

Das Seligenstädter Kloster glänzt am Mainufer im Abendrot.

Alzenauer Sande angrenzt. Gleich anschließend befindet sich der Nachtweidesee.

Die Seen hinter sich lassend gelangt man an die Gleise, denen man folgt, die Unterführung durchquert und weiterradelt, bis man wieder zum Ausgangspunkt am E **Bahnhof Kahl am Main** gelangt. Wem es nicht reicht, »nur« am Wasser vorbeizufahren, sondern auch baden möchte, der ist gut beraten, noch einen Schlenker vom Bahnhof in nördliche Richtung zu machen und nach fünf Minuten den Freigerichtsee Ost zu erreichen, in dem es sich ausgezeichnet baden und schwimmen lässt.

Kahler Seenplatte

Hierbei handelt es sich um ein ganzes System von Seen, die um die Gemeinden Großkrotzenburg, Kahl am Main und Karstein liegen. Die meisten dieser Seen sind stillgelegte Braunkohle-, Kies- und Sandgruben der Region, die sich ehemals in Betrieb befanden. Nun darf man sich an dieser Umgebung als Naherholungsgebiet erfreuen.

Am Ufer des Hörsteiner Sees

21

Nach Mainz

Wo der Main in den Rhein mündet

Leicht 25 km 104/75 m 2.00 Std.

Tourencharakter
Größtenteils auf Radwegen (Stichwort: Mainradweg) geht es hier am Flussufer entlang bis nach Mainz.

Ausgangs- / Endpunkt
Bahnhof Kelsterbach, 65451 Kelsterbach / Mainz Hauptbahnhof, 55116 Mainz

GPS
50.062676, 8.529736

Anfahrt
S8/S9 vom Frankfurter Hauptbahnhof Richtung Wiesbaden. Mainzer Hauptbahnhof ebenfalls mit der S8/S9 Richtung Hanau

Einkehr
In Rüsselsheim finden sich mehrere Möglichkeiten, seinen Hunger zu stillen. Kurz vor Überquerung des Rheins sollte man auf jeden Fall einen Abstecher in den Biergarten am Burgpark in Ginsheim-Gustavsburg einplanen.

Karte
Kompass: 3348 Frankfurt a. M. – Mainz – Rheinhessen, 1:70 000

Information
www.mainz.de, Tel. 06131/120

Die Radstrecke von Frankfurt nach Mainz ist die letzte Etappe des über 500 Kilometer langen Mainradwegs, der im Oberfränkischen startet und dem Flusslauf bis zur Mündung in den Rhein folgt. Vom Eisernen Steg bis in die rheinland-pfälzische Landeshauptstadt geht es auf Radwegen am malerischen Mainufer entlang.

Oben: Der über 500 Kilometer lange Mainradweg führt selbstverständlich auch am Frankfurter Mainufer entlang.

Rechte Seite: In den Opelvillen kommen Fans moderner Kunst auf ihre Kosten.

Für die richtigen Langschläfer unter den Radfahrern beginnt diese Tour nach einer Fahrt mit der S8/S9 am Bahnhof Kelsterbach. Wer allerdings motiviert ist, früh aufzustehen und etwas mehr Zeit für die Tour einzuplanen, der kann auch schon in der Frankfurter Innenstadt am Eisernen Steg starten. Für alle anderen geht es aus dem **A Kelsterbacher Bahnhof** raus und gleich nach rechts auf die Rüsselsheimer Straße, direkt im Anschluss scharf rechts, um auf eben dieser zu bleiben. Der Rüsselsheimer Straße wird bis zum nahen Mainufer gefolgt, wo man schließlich links auf den Leinpfad abbiegt. Nach 1,2 Kilometern geht es an der **1 Kelsterbacher Hafenanlage** am Ufer »Am Main« entlang weiter, bis man kurz darauf leicht rechts auf den Radweg fährt. Man passiert das Raunheimer Industriegebiet, es geht unter der A3 hindurch und anschließend über die **2 Ölhafenbrücke**, die sich seit 2013 elegant auf 170 Meter Länge über die Zufahrt zum Ölhafen schwingt.

Nun radelt man weiter am Main entlang und schon bald ist man in der Opelstadt Rüsselsheim angekommen und hat bereits die gute Hälfte der Gesamtstrecke geschafft. Dafür darf man sich dann auch mit einem kleinen Abstecher und einer Rast im wunderschönen Stadtpark, dem 3 **Verna-Park**, belohnen. Der im Stil eines englischen Landschaftsgartens angelegte Park aus dem 18. Jahrhundert stellt das grüne Juwel der Stadt dar. Eine Besichtigung der Opelvillen oder des Stadt- und Industriemuseums sind ebenfalls lohnenswert.

Opelvillen Rüsselsheim

Die Villenanlage wurde Anfang der 1930er-Jahre von Fritz Opel, Sohn des Opelwerk-Gründers Adam, errichtet. Heute ist darin eine gemeinnützige Kunst- und Kulturstiftung untergebracht, die Ausstellungen bedeutender moderner und zeitgenössischer Kunstwerke kuratiert. Info: www.opelvillen.de

An der Mainspitze mündet der Main in den Rhein.

Nach dieser Verschnaufpause im Grünen geht es wieder aufs Fahrrad. Zurück am Mainufer radelt man – sich am Landungsplatz links haltend – auf die Dammgasse und weiter am Mainufer. Nach zwei Kilometern folgt man der scharfen **4 Linkskurve** und entfernt sich somit etwas vom Ufer. An der dritten Möglichkeit biegt man schließlich rechts ab und radelt auf dem Weg Richtung Ginsheim-Gustavsburg. Kurz vor der **5 Staustufe Kostheim** nähert man sich endlich wieder dem Wasser. Die Schleuse hinter sich lassend radelt man weiter auf dem Maindamm und anschließend auf dem Radweg, der an der Merianstraße entlangführt. Am Ende des Weges biegt man rechts ab und fährt kurz darauf links unter der Brücke und somit unter der B 43 hindurch. Gleich danach links »Auf der Mainspitze« und direkt an den Bahngleisen entlang bis hin zur Südbrücke, überquert man auf dieser auch schon den Rhein und somit die Landesgrenze zwischen Hessen und Rheinland-Pfalz. Bevor man das tut, sollte man aber kurz rechts

Am Mainufer zeigt sich der Mainzer Dom von seiner besten Seite.

Am Mainzstrand kommt garantiert Urlaubsfeeling auf.

fahren. So gelangt man nämlich zur Mainspitze. Am dortigen Aussichtspunkt kann man betrachten, wie der Main in den Rhein fließt.

Auf der anderen Rheinseite angekommen fährt man rechts auf das Victor-Hugo-Ufer, bis man links über die historische 6 **Drehbrücke am Winterhafen** abzweigt und auf »Am Winterhafen« rechts. Vorbei an der beliebten Freizeit-Location Mainzstrand – spätestens jetzt bietet sich ein weiterer Zwischenstopp an – und der Theodor-Heuss-Brücke biegt man am Schlosstor links auf die »Große Bleiche« ab. Nach 750 Metern geht es rechts auf die Zanggasse, links auf die Kaiserstraße und rechts auf die Schottstraße. Nun befindet man sich schon auf dem Bahnhofplatz vor dem E **Mainzer Hauptbahnhof** und somit in unmittelbarer Nähe der Alt- und Innenstadt, wo man – wenn man noch nicht zurück nach Frankfurt fahren möchte – noch einmal gemütlich einkehren kann.

Auch an dieser Stelle sei betont, dass natürlich auch die Option besteht, die Strecke am malerischen Rhein- und Mainufer bis nach Frankfurt zurückzuradeln. So lässt sich diese Halbtagestour auch ganz leicht auf einen ganzen Tag ausdehnen.

Mainspitze

Nachdem der Main 527 Kilometer von der Weißmainquelle in Oberfranken zurückgelegt hat, fließt er bei Mainz in den Rhein. Dieses Mündungsgebiet heißt Mainspitze, der Rhein bildet hier die Grenze zwischen Hessen und dem Nachbar-Bundesland Rheinland-Pfalz.

22

Schlosspark Philippsruhe

Am Main entlang nach Hanau

Mittel | 21 km | 22/16 m | 1.30 Std.

Tourencharakter
Diese Tour führt fast durchgängig auf sehr gut befahrbaren Radwegen bis nach Hanau.

Ausgangs-/Endpunkt
Willy-Brandt-Platz, 60311 Frankfurt a. M. / Bahnhof Hanau-West, 63450 Hanau

GPS
50.109238, 8.674804

Anfahrt
Mit der U4/U5 zum Willy-Brandt-Platz. Rückfahrt mit der Regionalbahn vom Bahnhof Hanau-West

Einkehr
Direkt am Jacobiweiher befindet sich das Lokal Oberschweinstiege, das deftige Landhausküche anbietet. Regionale Klassiker stillen den Hunger bei Schmidt-Peccolo am Goetheturm. Die Gerbermühle, in der seinerzeit auch Johann Wolfgang von Goethe residierte, ist heute ein beliebtes Ausflugsziel.

Karte
Regionalpark RheinMain (Hrsg.): Freizeitkarte Hohe Straße, 1:40 000

Information
www.hanau-neu-erleben.de, Tel. 06181/29 50; www.offenbach.de, Tel. 069/84 00 04 17 0

Bei dieser Tour hat nicht das Ziel mit Wasser zu tun, sondern der Weg: Immer am Main entlangt geht es vom Frankfurter Bankenviertel vorbei an zahlreichen kulturellen Attraktionen bis nach Hanau. Dort wird es im Schlosspark royal!

Ausgangspunkt dieser Tour ist die markante Euro-Skulptur am ehemaligen Standort der Europäischen Zentralbank am Ⓐ Willy-Brandt-Platz. Richtung Innenstadt radelnd biegt man zunächst nach links auf die Mainzer Landstraße ab und folgt dieser bis zum Mainufer. Den Fluss überquert man auf der Untermainbrücke. Anschließend fährt man links auf den Radweg, der am Main entlangführt, an den beeindruckenden Museen Frankfurts, wie dem Weltkulturenmuseum, dem Deutschen Architekturmuseum oder dem Museum Angewandte Kunst, vorbei – am sogenannten Museumsufer (siehe Tour 2).

Die große Euro-Skulptur am Willy-Brandt-Platz, dem ehemaligen Standort der Europäischen Zentralbank

Auf der südlichen, der Sachsenhäuser, Mainseite geht es vorbei am Eisernen Steg und der Gerbermühle weiter in östlicher Richtung. Mit einem kurzen Schlenker durch den kleinen Schleusenpark hindurch radelt man weiter am Ufer entlang und ist, ohne es richtig zu bemerken, schon bald in der Nachbarstadt Offenbach angekommen. Hier fährt man unter der A 661 durch und immer weiter auf dem Nordring durch den Offenbacher Stadtteil Kaiserlei. Man radelt vorbei am Kult-Club Robert Johnson, wo sich Größen des Technos die Klinke in die Hand geben, und dem ❶ **Kulturzentrum Hafen 2.**

Vom Eisernen Steg hat man mit den schönsten Blick auf die Frankfurter Skyline.

Hafen 2

Das Offenbacher Kulturzentrum bezeichnet sich selbst als »interdisziplinäre Plattform« und bietet so ziemlich alles, was das Herz begehrt: Konzerte, Theater, Kino, Ausstellungen, gemütliches Sitzen im Café und vieles mehr. Hier sollte man auf jeden Fall mal vom Rad steigen und sich genauer umschauen. Infos: www.hafen2.net

Man biegt links auf den Mainkai ab und radelt auf diesem wieder ans Ufer des Mains. Nach circa einem Kilometer überquert man den Hafenplatz und fährt auf der Höhe der Carl-Ulrich-Brücke auf dem Radweg weiter. Wiederum 1,2 Kilometer später erreicht man das urige 2 **Bembelboot**, das zu einer gemütlichen Rast einlädt. Am liebevoll, wie das typische Apfelweingefäß bemalten Boot kann man eben solchen zusammen mit hessischen Spezialitäten, wie Grüner Soße oder Handkäs' mit Musik, genießen und direkt am malerischen Mainufer eine kleine Verschnaufpause einlegen. Aber nicht zu tief in den Bembel schauen, denn es muss ja noch weiter geradelt werden!

Von hier aus wird weiter dem Radweg gefolgt, bis man nach fünf Kilometern nach einer Rechtskurve links auf »Zu den Mainwiesen« abbiegt, um 300 Meter später erneut links abzubiegen. Gleich darauf geht es leicht rechts auf die Untergasse und man passiert das 3 **Rumpenheimer Schloss** (siehe Tour 17). An der Weggabelung gut 1,5 Kilometer weiter radelt man links und bleibt die folgenden drei Kilometer auf diesem Weg. Nach einer Rechtskurve biegt man wieder links ab und radelt am Ufer entlang, vorbei am Mühlheimer Ruderverein, danach leicht rechts und dann wieder links. An der Staustufe Mühlheim überquert man den Main und fährt anschließend am Wasserkraftwerk rechts.

Wohnen in bester Lage: am Offenbacher Hafenbecken

Man erreicht den idyllischen Park von 4 **Schloss Philippsruhe** nach weiteren 1,5 Kilometern. Hier lohnt es sich nicht nur, durch den wunderschönen Schlosspark zu flanieren, sondern definitiv auch das Historische Museum im Schloss des dänischen Architekten Ferdinand Meldahl zu besuchen. Dort lassen sich Werke der Künstler Anton Wilhelm Tischbein, Friedrich Bury oder Moritz Daniel Oppenheim bestaunen, und für die Kinder gibt es sicherlich einiges in GrimmsMärchenReich zu entdecken. Besonderes Highlight ist das in das Schloss integrierte Papiertheater.

Das Schloss Philippsruhe mit angrenzendem Park gehört zweifellos zu den schönsten Orten Hanaus.

Vom Schlosspark aus führt die Philippsruher Allee direkt zum E **Bahnhof Hanau-West**, von dem aus man bequem mit der Regionalbahn zurück nach Frankfurt kommt.

Nicht nur der Schlosspark ist beeindruckend, auch hinter den Schlossmauern warten historische Schätze auf die Besucher.

Papiertheater-Museum

Als Teil des Historischen Museums Hanau Schloss Philippsruhe ist das Papiertheater-Museum eine wirkliche kleine Besonderheit: Neben den 20 kompletten historischen Papiertheatern, die hier ausgestellt sind, gibt es sogar eine Bühne, auf der Vorführungen stattfinden. Info: www.papiertheater.eu/museum

23

Staatspark und Bärensee

Vom mondänen Grün zum kühlenden Nass

Leicht | 31 km | 70/67 m | 2.00 Std.

Tourencharakter
Die leichte Fahrradtour verläuft auf befestigten Wegen.

Ausgangs-/Endpunkt
U-Bahn-Station Enkheim, 60388 Frankfurt a. M. / Hauptbahnhof Hanau, 63450 Hanau

GPS
50.142800, 8.753676

Anfahrt
Anreise mit der U-Bahn bis zur Station Enkheim. Rückfahrt mit der S9 Richtung Wiesbaden oder dem Regionalexpress bis zum Hauptbahnhof Frankfurt

Einkehr
Zwischenstopp in der legendären Eisdiele Milano; weitere Einkehrmöglichkeit bietet das Restaurant am See; oder man packt sich ein Picknick für das Strandbad ein.

Karte
Regionalpark RheinMain (Hrsg.): Freizeitkarte Hohe Straße, 1:40 000

Information
www.hanau-neu-erleben.de, Tel. 06181/29 50; www.wilhelmsbad-erleben.de

Man lustradelt auf Alleen, zwischen hohen Bäumen im Walddickicht, und kann sich schließlich im Bärensee abkühlen. Dabei sei ein Funfact mit auf den Weg gegeben: Eine Folge der Kinder-Kultserie »Löwenzahn« mit dem unvergesslichen Peter Lustig trug den Titel »Das Biest vom Bärensee«.

Von der Ⓐ **U-Bahn-Station Enkheim** geht es nach rechts die Borsigallee entlang, bis diese die Vilbeler Landstraße kreuzt. Diese überquert man und folgt der Linksneigung der Straße in die Triebstraße. Bei nächster Gelegenheit biegt man rechts ab in die Barbarossastraße, deren Verlauf man über die sogenannte »Leuchte« folgt. Danach biegt man links ab und darauf rechts in den Riedgraben. Der Weg führt anfangs am ❶ **Riedteich** linker Hand vorbei und das Enkheimer Ried entlang, eine ehemalige Moorlandschaft. Dann geht es links und gleich wieder rechts weiter.

Das Enkheimer Ried ist eine Oase voller Ruhe – in der Großstadt.

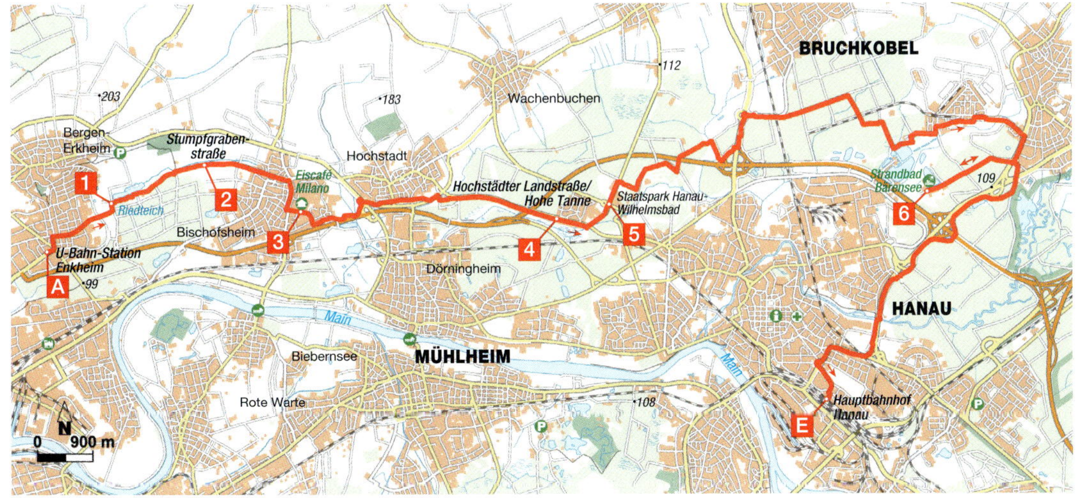

Der Weg geht in die ❷ **Stumpfgrabenstraße** über und führt am Bischofsheimer Tennisverein vorbei. Die Stumpfgrabenstraße wird sodann zur Hochstädterstraße, der man nur kurz folgt, um dann in die Straße »Am Kreuzstein« rechts einzubiegen. Im Kreisverkehr wählt man die dritte Ausfahrt und findet sich am Dörnigheimer Weg wieder. Es empfiehlt sich, vor der Radtour seinen Eishunger aufzusparen, denn hier wartet das ❸ **Eiscafé Milano** mit dem besten Eis der Main-Umgebung – so munkelt man in Bischofsheim, und man ist versucht, dies zu unterschreiben.

Nach ein paar Stärkungskugeln geht es wieder in ländlichere Gefilde in östlicher Richtung über die Querstraße und dann die Fahrgasse entlang, die parallel zur L 3195 verläuft. Weiter geht es durch das dichte Grün auf dem Radweg entlang der Hanauer Straße in östlicher Richtung, die dann zur Hochstädter Landstraße wird und schnurstracks in den Stadtbezirk ❹ **Hohe Tanne** führt. Links in die Kesselstadter Straße einbiegend findet man zum märchenhaften ❺ **Staatspark Wilhelmsbad** – einem beliebten Ausflugsziel in Hessen, da am Braubach gelegen und mit einigen Attraktionen ausgestattet: Abgesehen von der Teufelsbrücke, einer kleinen Pyramide, einem Schneckenhügel und Pavillons findet sich unter anderem auch das älteste »feste Karussell der Welt«, das neben dem Hessischen

Staatspark Wilhelmsbad

Dieser Park darf zurecht als märchenhaft bezeichnet werden. Nicht nur stammt die Familie der Gebrüder Grimm aus dem unweiten Hanau, auch die Denkmäler und Bauten im Park tragen zu einer verzauberten Atmosphäre bei. Das älteste erhaltene feststehende Karussell weltweit stammt aus Zeiten Wilhelm I. von Hessen-Kassel, der es 1779 von seinem Architekten Franz Ludwig von Cancrin erbauen ließ. Die einmalige Attraktion faszinierte damals die Menschen und auch heute noch kann es die Besucher begeistern.

Brunnentempel im Staatspark Wilhelmsbad

Mitte: Im Comoedienhaus (l.) befindet sich eines der wenigen erhaltenen historischen Theater Deutschlands; nebenan im ehemaligen Kurgebäude ist unter anderem das Hessische Puppenmuseum untergebracht.

Puppenmuseum besonders zu empfehlen ist. Das barocke Karussell, das heute per Motor angetrieben wird und das damals der Erheiterung der Kurgäste diente, ziert bunte Wagen und Pferde.

Nach den Vergnügungen im Staatspark verlässt man diesen Richtung Franz-Ludwig-von-Cancrin-Weg, auf dem man am Golfplatz entlangradelt und an der vierten Möglichkeit scharf links abbiegt, um die A 66 zu überqueren. Auf diesem Weg bleibt man, bis man den Krebsbach überfahren hat. Anschließend biegt man rechts ab und folgt dem Weg an der A 66 entlang, bis rechts unter der A 45 hindurchgeleitet wird, um dann nach einem kurzen Stück mit der B 45 zur Linken rechts in den Kirleweg einzubiegen. Bei der nächsten Gabelung hält man sich rechts und bei der dritten Möglichkeit biegt man rechts ab.

Hessisches Puppenmuseum

Hier kann man Puppen von der Antike bis zur Moderne bestaunen: Figuren aus allen möglichen Materialien und Formen laden ein, sich mit der Spielzeugwelt zu beschäftigen. An Samstagen, Sonntagen und an Feiertagen ist das Museum für seine Besucher 10–17 Uhr, Dienstag bis Freitag 10–13 und 14–17 Uhr geöffnet. Weitere Infos: www.hpusm.de

Den Bärensee erreicht man, indem man in einem weiten Halbkreis vorbei am Birkensee über den Fliegerhorst und kurz auf der L 3193 nach Süden der Beschilderung folgt. Das 6 **Strandbad Bärensee** selbst ist natürlich schon eine Attraktion für sich. In dem bewaldeten Erholungsgebiet bietet es an heißen Tagen eine willkommene Abkühlung und ist zudem meist nicht überlaufen. Von März bis September können Wasser- und Sportlustige hier angeln, surfen, Fußball und Tennis spielen – und

Die Pyramide wurde zum Andenken an Prinz Friedrich (1772–1784) errichtet, den ältesten Sohn des Landgrafen Wilhelm IX.

natürlich schwimmen. Besonders empfiehlt es sich auch, eine Runde Minigolf zu wagen! Außerdem gibt es eine Gaststätte mit Terrasse direkt am See, in der Pizzeria-Brasserie am Bärensee kann man sich erfrischen und eine Kleinigkeit essen. Alternativ kann man natürlich selbst mitgebrachte Speisen auch am Badestrand verzehren.

Nach dem Badespaß geht es weiter zum Endpunkt der Tour zum Hauptbahnhof Hanau. Dazu fährt man ein kurzes Stück zurück zur L3193 und etwa acht Kilometer in südwestliche Richtung auf dem Radweg neben der B8. Wenn man nach Hanau kommt, hält man sich rechts und nach der Tankstelle dem Straßenverlauf folgend auf der Barbarossastraße links. Am Kreisel mit der Ehrensäule nimmt man die vierte Ausfahrt, beim nächsten Kreisverkehr die erste Ausfahrt, dann schiebt sich der E **Hauptbahnhof Hanau** auch bereits ins Blickfeld.

Mit Blick auf den Bärensee schmeckt die Pizza gleich doppelt gut.

24

Waldschwimmbad Rüsselsheim

Gemütliches Radel- und Badevergnügen

Mehr Wasser geht kaum! Die mittelschwere Strecke mit schönen Aussichten führt über den Main, am Main entlang und am Ende zum Entspannen an den naturnahen Badesee in Rüsselsheim.

Mittel | 25 km | 42/48 m | 1.30 Std.

Tourencharakter
Auf flachen Wegen führt die Strecke über zehn Kilometer am Main entlang. Die Wege sind überwiegend befestigt, teilweise fährt man auf dem Mainradweg.

Ausgangs-/Endpunkt
S-Bahnhof Galluswarte, 60327 Frankfurt a. M. / Bushaltestelle A.-von-Menzel-Straße, 65428 Rüsselsheim

GPS
50.103345, 8.644836

Anfahrt
S3, S4 und S5 vom Frankfurter Hauptbahnhof Richtung Frankfurt West. Rückfahrt mit der Buslinie 51 oder 52 zum Bahnhof Rüsselsheim, von dort mit S8 und S9 oder Regionalzügen

Einkehr
Direkt am Main liegen das griechische Restaurant Zum Grünen Baum, die Kelsterbar und das WasserCraftWerk mit eigener Hausbrauerei. Fast am Ende der Route sollte man in Haßloch unbedingt eine der ausgefallenen Genusskreationen des Rüsselsheimer Jägerhofs probieren.

Karte
Kompass: 3348 Frankfurt a. M. – Mainz – Rheinhessen, 1:70 000

Information
www.frankfurt-tourismus.de, Tel. 069/21 23 88 00; www.ruesselsheim.de

Der Start dieser Strecke ist unter den Gleisen des Ⓐ **S-Bahnhofs Galluswarte**. Am Wartturm vorbei radelt man geradeaus (Achtung: nicht schräg links!) für vier Kilometer die Mainzer Landstraße entlang. Vor dem Lachener Graben biegt man in einem U-Turn links vom Fahrradweg ab, überquert die ❶ **Mainzer Landstraße** und unterfährt die Brücken. Am Ende des Fahrrad-/Fußgängerweges geht es nach rechts für ein kurzes Stück wieder auf die Mainzer Landstraße; nach Überquerung der Brücke aber gleich wieder rechts ab auf den Fahrrad-/Fußgängerweg. Dem Weg folgt man, bis man zweimal die Autobahnbrücken unterfahren hat.

Dann darf man rechts die ❷ **Auffahrt zur Schwanheimer Brücke** nicht verpassen, auf der man den Main überquert. Nach der Brücke geht es kurz parallel zur B 40. Wenn der Weg am Kelsterbacher Weg endet, biegt man rechts ab und fährt über die Bundesstraße hinweg. Jetzt radelt man gemütlich immer geradeaus durch die Felder. Nach der Leunastraße nimmt man die erste Abzweigung nach links, gleich hinter dem Haus, und radelt vor der Bundesstraße rechts. Dann geht es parallel zum Straßenverlauf erneut über eine Autobahnbrücke. Die Strecke führt ein paar Mal unter den Straßen des ❸ **Schwanheimer Knotens** hindurch, dann noch einmal darüber und endlich hat man das Straßengewirr hinter sich gelassen.

Entspannt geht es durch die Felder nach Kelsterbach hinein. Wenn die Straße nach links in die Mainstraße abknickt, folgt man ihr, bis man zum Main kommt. Jetzt hat man den komplizierten Teil der Strecke hinter sich. Die nächsten zehn Kilometer führt die Route einfach nur am großen Strom entlang flussabwärts. Zeit, sich für die bisherige Leistung zu belohnen! Wie wäre es etwa mit griechischen Spezialitäten im Restaurant

Zum Grünen Baum oder mit einem hausgemachten Eistee in der **4 Kelsterbar**? Etwas weiter unten lockt an der Staustufe das WasserCraftWerk mit selbst gebrautem Bier.

Frisch gestärkt geht es nun am Ölhafen vorbei und über die **5 Ölhafenbrücke** am Main entlang. Erst circa 200 Meter vor der zweiten Brücke der B 519 nimmt man an einem **6 Linksabzweig** einen Weg, der unter der **B 43** hindurchführt. Am Ende dieses Weges biegt man nach rechts und fährt gerade über die Kreuzung in die Bonner Straße. Nun geht es über zwei Kilometer immer weiter dem Straßenverlauf folgend durch Rüsselsheim, am Friedhof vorbei und nach Haßloch hinein. Ganz am Ende der Stadt biegt man nach den letzten Häusern nach rechts in die Amselstraße, gleich darauf links, und wird vom **7 Rüsselsheimer Waldschwimmbad** samt Kiosk willkommen geheißen. Jetzt heißt es runter vom Rad und zur Abkühlung rein in das wohlverdiente Nass des Badesees!

Im Waldschwimmbad Rüsselsheim angekommen heißt es dann: »Hinein ins kühle Nass!«

Links: In der Kelsterbar genießt man auf der sonnigen Terrasse erfrischende Drinks.

Zum Abschluss der Tour fährt man am Badesee entlang auf den Horlachgraben zu. An diesem geht es rechts, anschließend über die Brücke, und zwischen den Häusern durch bis zur Matthias-Grünewald-Straße; auf dieser rechts und dann links auf die **Adolf-von-Menzel-Straße** mit der gleichnamigen **E Bushaltestelle**.

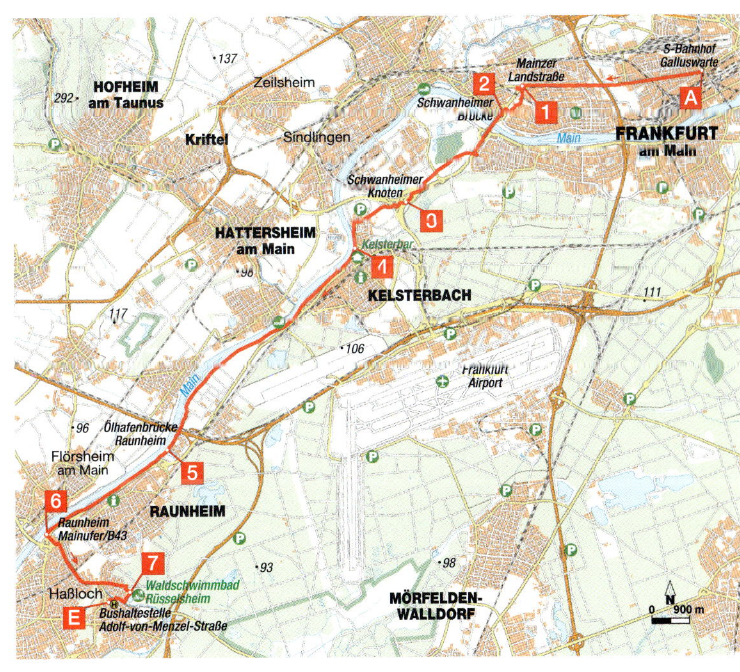

Licher
fischer
PRO HÖCHST
infraserv
höchst
Walter Kolb

Auf Abwegen

Auf dem Großen Feldberg mit atemberaubendem Taunus-Blick (TOUR 25) (o. l.). Luchs im Wildpark Alte Fasanerie (TOUR 26) (o. r.). Der idyllische Obsthof am Steinberg lockt mit Schoppenwirtschaft und Hofladen (TOUR 30) (u. r.). Gemütliche Flussquerung mit der Mainfähre Höchst (TOUR 29) (u. r.).

25

Großer Feldberg

Radtour auf die höchste Erhebung im Taunus

Schwer 24 km 830/80 m 2.30 Std.

Tourencharakter
Die Strecke führt durch Felder und Wälder vom Stadtrand über umliegende Dörfer ins Mittelgebirge. Die Wege sind größtenteils sehr gut befahrbar, stellenweise ist der Untergrund lose.

Ausgangs-/Endpunkt
S-Bahnhof Frankfurter Berg, 60433 Frankfurt am Main/ Bushaltestelle Großer Feldberg, 61389 Schmitten

GPS
50.170490, 8.676160

Anfahrt
S6 vom Frankfurter Hauptbahnhof Richtung Friedberg (Hess) oder Richtung Groß Karben. Rückfahrt von der Bushaltestelle Großer Feldberg (Taunus) mit der Shuttlebuslinie 57 bis zum U-Bahnhof Hohemark, Oberursel, von dort mit der U3 in die Innenstadt

Einkehr
Traditionelle Küche gibt es auf dieser Tour u. a. im Frankfurter Apfelweinlokal Zum Lahmen Esel, im Landgasthof Zur Sonne oder im Waldgasthaus Fuchstanz. Feinste Kuchen, Torten und Pâtisserie-Waren fertigt das Café Merci in Kronberg.

Karte
Regionalpark RheinMain (Hrsg.): Freizeitkarte Taunushang, 1:30 000

Information
www.taunus.info,
Tel 06171/50 78 0

Hoch, höher, Feldberg: Mit knapp 881 Metern geht es im Taunus nirgendwo höher hinauf als auf den Großen Feldberg. Diese Strecke führt durch Frankfurt und Umland hindurch und bietet am Ende eine ganz neue Perspektive auf die Fahrradstrecken im Rhein-Main-Gebiet – von oben.

Man verlässt den Ⓐ **Bahnhof Frankfurter Berg** nach links auf der Homburger Landstraße, die direkt am Bahnhof vorbeiläuft. Schnell lässt man die letzten Häuser hinter sich und radelt entspannt stadtauswärts Richtung ❶ **Nidda**. Vor der **Straßenbrücke** nach links und am Fluss entlang fährt man dann über die Brücke am Frankfurter GrünGürtel-Tier vorbei und über den Alten Flugplatz Bonames bis ans Ende der Straße. Dort biegt man links in einen Weg ab, der unter der Autobahn hindurchführt. Dann biegt man links ab und folgt dem Radweg parallel zur Marie-Curie-Straße. Bei nächster Gelegenheit an einer großen Kreuzung fährt man rechts in die Altenhöfer Allee leicht bergauf. Hier fährt man am ❷ **Campus Riedberg** der Goethe-Universität vorbei, hält sich am Kreisverkehr links und fährt in die Max-von-Laue-Straße.

Die Robert-Gernhardt-Brücke, benannt nach dem Mitglied der Neuen Frankfurter Schule

An deren Ende geradeaus weiter auf dem Radweg bzw. dann dem Sträßchen Kreuzerhohl folgend erreicht man nach etwas über einem Kilometer Niederursel, wo linker Hand das Apfelweinlokal »Zum Lahmen Esel« lockt. Den Stadtteil durchfährt man geradeaus weiter; erst ganz am Ende der Straße rechts in den Weißkirchener Weg und weiter am Niederurseler Friedhof vorbei. Nach der 3 **Autobahnunterführung** geht die Strecke rechts ab Richtung Burghof. Etwa einen Kilometer später fährt man links und dann gleich darauf wieder rechts auf das Wohngebiet zu. Hat man die ersten Häuser erreicht, radelt man erneut links in die Kurmainzer Straße und dann gleich wieder rechts in die Straße »Am Schmidtstock«.

In Niederursel sollte man im Lokal »Zum Lahmen Esel« einkehren.

Blick auf das Städtchen Kronberg vor der Frankfurter Skyline

Nach den Bahngleisen hält man sich links, schwingt bei nächster Gelegenheit aber von den Gleisen weg nach rechts ab. Hier lädt der 4 **Landgasthof Zur Sonne** auf etwa halber Strecke zu einer Verschnaufpause ein.

Nach der kleinen Stärkung führt die Tour am Gasthof vorbei noch etwas durch die Felder bis zur Landstraße 3015, auf der es nach links Richtung Oberhöchstadt weitergeht. Den Ort durchquert man der Straße nach Westen folgend ziemlich schnell. Nach der Tankstelle biegt man nach rechts ab und nimmt dann den ersten kleinen Weg, der nach links abgeht. Bei der Gabelung hält man sich rechts und fährt nun auf Kronberg im Taunus zu. Im Örtchen geht es bei der nächsten Gelegenheit links in die Oberhöchstädter Straße. Dieser folgt man über die Bahngleise, dann radelt man links am S-Bahnhof vorbei. Am Ende der Straße biegt man nach links in die Bleichstraße und gleich darauf an der Frankfurter Straße rechts. Jetzt führt die Strecke immer die Straße entlang durch Kronberg hindurch und weiter.

Knapp 600 Meter, nachdem man die große Kreuzung mit der Bundesstraße 455 überquert hat, radelt man vor den Häusern rechts auf einen kleinen Weg und

Bikepark und Flowtrail

Für Adrenalinjunkies bietet der Große Feldberg gleich zwei Attraktionen: Im Bikepark geht es auf zwei Downhillstrecken steil bergab – Startpunkt ist ganz oben am Feldbergplateau. Nicht weit davon entfernt beginnt am Windeck der Flowtrail, der wörtlich über Stock und Stein erst zum Gasthaus Fuchstanz und weiter zur Oberurseler Hohemark (U-Bahn) führt. Infos: www.taunus.info/angebote/sport-und-outdoor/mountainbiking

Auf dem Feldberg angekommen sollte man es sich nicht nehmen lassen, auch die letzte Hürde zu erklimmen und vom Aussichtsturm eine noch bessere Aussicht zu genießen.

gleich danach links um Falkenstein herum. Zwischen der evangelischen Kirche und dem Grand Hotel geht es dann in den Ort hinein. Am Ende der Straße biegt man nach rechts ab, vor dem 5 **Falkensteiner Ehrenmal** dann links. Wer Zeit hat, kann sich gleich noch mal links wenden und einen Abstecher zur Burgruine Falkenstein machen.

Die Tour geht rechts auf dem Reichenbachweg weiter und folgt nun einfach der Straße durch den Ort hindurch. Ab jetzt geht es durch den Wald und zunehmend bergauf, vorbei am 6 **Waldparkplatz Reichenbachtal**. Viele verschiedene Wege führen auf den Großen Feldberg – Abweichungen von der Route sind je nach Lust, Laune und Kondition möglich. Am besten nimmt man den Weg, der schnurstracks zum 7 **Waldgasthaus Fuchstanz** führt, das kurz vor dem Gipfel noch einmal zur Stärkung einlädt.

Jetzt heißt es Endspurt! Wer auf dieser Strecke bleibt, wählt nach dem Gasthaus den linken Weg und radelt bis zur Autostraße immer geradeaus. Ab hier geht es rechts noch kurz auf der Hochtaunusstraße weiter und schon ist das Ziel dieser Tour, der E **Gipfel des Großen Feldbergs** mit seinem über 50 Meter hohen Fernmeldeturm, erreicht.

Feldbergplateau

Was gibt es Schöneres, als einen Gipfel zu erklimmen? Na, z. B. wenn der Gipfel einiges zu bieten hat! Neben Fernmelde- und Aussichtsturm (Eintritt: 2,50 €) lohnt sich ein Abstecher in die älteste Falknerei Hessens, den Falkenhof (Eintritt: 2,00 € Kinder, 3,00 € Erwachsene). Am Brunhildisfelsen lässt sich dem Nibelungenlied nachspüren: An den Quarzit-Steinen soll angeblich Brunhilde von Siegfried geweckt worden sein.

26 Von Mühlheim nach Rodgau

Steinbrüche und Wildkatzen

Mittel 21 km 83/56 m 2.00 Std.

Tourencharakter
Die Strecke ist größtenteils flach und man bewegt sich auf sehr gut befahrbaren Straßen, Rad-, Neben- und Waldwegen.

Ausgangs-/Endpunkt
S-Bahnhof Mühlheim-Dietesheim, 63165 Mühlheim a. M./ S-Bahnhof Rodgau-Dudenhofen, 63110 Obertshausen

GPS
50.120451, 8.858510

Anfahrt
S8 und S9 vom Frankfurter Hauptbahnhof Richtung Hanau. Rückfahrt mit der S1 Richtung Wiesbaden

Einkehr
Direkt zu Beginn der Tour befindet sich das Zum Grünen See Eck. Wochenends versorgt ein Imbiss im Wildpark die Besucher, ebenso am Strandbad Rodgau. 500 Meter nördlich des Endpunktes lädt Döbert's Wirtshaus mit Biergarten zur Einkehr.

Karte
Kompass: Fahrradkarte 3072 Aschaffenburg – Spessart – Main, 1:70 000

Information
www.muehlheim.de, Tel. 06108/60 10; www.rodgau.de, Tel. 06106/69 30

Auch diese Ausflugsfahrt findet außerhalb der Stadtgrenzen Frankfurts statt. Von Mühlheim bis nach Rodgau geht es durch wirklich atemberaubende Natur mit teils canyonartiger Seenlandschaft sowie einem Wildpark. Eine Tour für echte Abenteurer.

Vom Ⓐ **S-Bahnhof Dietesheim** in Mühlheim fährt man auf dem Wingertsweg links am Sportgelände vorbei, überquert den Südring und biegt gleich darauf links auf »Am Grünen See«. Man kann entweder rechts fahren und bereits hier den Grünen und den Neuen See, die schon nach wenigen Metern erreicht werden, bestaunen, oder man radelt direkt links auf Am Hahnsteinweiher Richtung ❶ **Oberwaldsee**. Es empfiehlt sich, an der zweiten Wegkreuzung sein Fahrrad abzustellen und das einmalige sowie imposante Naturschutzgebiet zu Fuß zu erkunden. Die einstigen Basaltsteinbrüche bieten ein atemberaubendes Bild. Auf gut begehbaren Wegen spaziert man um den See herum und überquert auf der sogenannten »Canyon-Brücke«, die über das schmale Tal zwischen Oberwaldsee und Vogelsberger

Mehr Natur geht kaum: der Oberwaldsee

Links: Die Steinbrüche in Mühlheim erfreuen jeden Naturfreund.

See führt. Hier kann man einen Hauch Arizona in Südhessen spüren und den Ausblick am besten auf einem Foto festhalten. Je nach Lust und Laune kann man hier nur für einen kleinen Zwischenstopp oder eine ausgiebigere Wanderung halten und die grün schimmernden Gewässer zwischen den martialischen Felswänden auf sich wirken lassen.

Doch dies sind nicht die einzigen Highlights der Tour: Zurück an den Rädern geht es weiter und man lässt die Seen allmählich hinter sich. An der zweiten Möglichkeit biegt man links ab, hält sich rechts und radelt aus dem Wald hinaus auf der Senefelderstraße. Beim Einkaufszentrum nimmt man im Kreisverkehr die erste Ausfahrt und fährt vorbei am »Amerikafeld« weiter auf dem Häuser Weg bis zur dritten Wegkreuzung, an der der Häu-

Im Wildpark Alte Fasanerie sagen sich Wolf und Elch Gute Nacht.

ser Weg rechts abknickt, man aber weiter geradeaus ins Grüne fährt. An der nächsten Gabelung links, anschließend rechts und auf diesem Weg rechts haltend geht es durch das Waldstück, um dann links auf die 2 **Fasaneriestraße** einzubiegen.

Ist man unter der zweiten Brücke der Bundesstraßen durchgefahren, geht es die nächste rechts und nach 350 Metern am Tistrasee erneut rechts. Jetzt fährt man quasi auf das Gelände des 3 **Wildparks Alte Fasanerie** zu. Neben verschiedensten Waldtieren gibt es auf dem Gelände auch ein Indianerdorf, eine Falkenzucht, ein Forstmuseum und für ganz mutige Radler auch einen Hochseilgarten. Stärken kann man sich am Imbiss.

Hat man sich eingehend über die Flora und Fauna des Waldes informiert, radelt man von der Alten Fasanerie aus in Richtung Süden durch die bezaubernde Natur, bis man die L 3416 erreicht. Diese überquert man und biegt anschließend rechts auf den parallel verlaufenden Radweg ein. Nach über 2 Kilometern geht es dann links auf die Hauptstraße Richtung Rodgau. In südlicher Richtung radelt man durch den Stadtteil Weiskirchen auf der Alfred-Delp-Straße und in der Linkskurve rechts haltend weiter auf der Weiskircher Straße. Dann geht es südwärts durch den Stadtteil Jügesheim auf der 4 **Ludwigstraße** und leicht links haltend auf der Dudenhöfer Straße bis zur Kreuzung mit der L 3121. Hier fährt man rechts auf den Radweg, überquert

Alte Fasanerie Hanau

In dem Wildpark tummeln sich auf gut 100 Hektar Wildkatzen, Luchse, Füchse, Wölfe, Elche, Damwild sowie kleinere, in Mitteleuropa heimische Wild- und Haustierarten – insgesamt ca. 40 Spezies. Für ganz große Tierfreunde besteht auch die Möglichkeit einer Patenschaft. Infos: www.hessen-forst.de/alte-fasanerie

die ❺ **Rodau** und auf der folgenden Brücke die Bahngleise und fährt an der nächsten Möglichkeit links. Dann überquert man zunächst die Mainzer Straße und radelt anschließend rechts, um die Rodgau-Ringstraße zu überqueren, und fährt geradewegs auf das ❻ **Strandbad Rodgau** zu. Bei sommerlichen Temperaturen hat man hoffentlich Badesachen dabei und kann sich so im kühlen Nass erfrischen.

Nach der erlebnisreichen Radtour kann man im Strandbad in Rodgau noch etwas entspannen.

Zurück geht es wieder zur Rodgau-Ringstraße, die man zur Mainzer Straße überquert. Auf dieser radelt man weiter zum Ⓔ **S-Bahnhof Dudenhofen**, wo man mit seinem Fahrrad im Gepäck in der Bahn gemütlich bis nach Frankfurt fahren kann. Biegt man nicht rechts zum Bahnhof ab, sondern links in die Raiffeisenstraße, kann man dort vor der Heimreise noch in Döbert's Wirtshaus einkehren und sich an gutbürgerlichen Speisen satt essen.

Links: Die wohlverdiente Stärkung gibt es in Döbert's Wirtshaus.

Strandbad Rodgau

Das »St. Tropez am Baggersee« bietet neben Badevergnügen auch weitere Fitnessangebote wie Beachvolleyball- und Skate-Anlage, Rutschen und Wasser-Trampolin. Abends kann man bei lässigen Beats den Tag ausklingen lassen. Das Strandbad ist i. d. R. Ende April bis Anfang Sept. täglich ab 8 Uhr geöffnet.

27

Niddaradweg

Die Landschaft in all ihren Facetten erleben

Leicht 26 km 112/156 m 1.30 Std.

Tourencharakter
Die leichte Fahrradtour verläuft auf einem Abschnitt auf dem Niddaradweg entlang des Flussufers.

Ausgangs-/Endpunkt
Bahnhof Assenheim (Oberhess), 61194 Niddatal/
Bahnhof Bad Salzhausen, 63667 Nidda

GPS
50.304858, 8.812317

Anfahrt
Mit der Regionalbahn vom Frankfurter Hbf. Rückfahrt ebenfalls mit der Regionalbahn vom Bahnhof Bad Salzhausen

Einkehr
Einkehrmöglichkeiten in Nieder-Florstadt und Staden. Anfang Mai bis Ende September jeweils von Freitag bis Sonntag lockt der Biergarten Im Orbes. Im Café am Park in Bad Salzhausen können die mittlerweile sicher hungrigen Ausflügler selbstgemachte Mehlspeisen, herzhafte Suppen und allerhand andere Köstlichkeiten schlemmen.

Karte
Regionalpark RheinMain (Hrsg.): Freizeitkarte Niddaroute von der Quelle bis zur Mündung, 1:50 000

Information
www.bad-salzhausen.de, Tel. 06043/96 33-0; www.tourismus.wetterau.de

Auf dem abwechslungsreichen Niddaradweg beeindruckt die Vielfalt der Landschaft: von der goldenen Wetterau über Äcker und Wiesen, Kurort und Naturschutzgebiet. Auf der Strecke zwischen Assenheim und Bad Salzhausen präsentiert sich der bunte Wechsel hessischer Kleinlandschaften entlang der Nidda von seiner schönsten Seite.

Nicht nur eine Radtour, sondern auch eine Zugfahrt ist lustig. Deshalb führt diese Tour die Radler zunächst zum Hauptbahnhof, von wo aus es mit dem Regionalzug nach Niddatal, genauer gesagt in den Stadtteil **Assenheim**, geht. Vom dortigen Ⓐ **Bahnhof** startet man die Tour geradeaus auf die Bahnhofstraße, um dann am Silzweg links und dann rechts zur Nidda zu fahren. Über die Brücke und dann links unter der ❶ **Eisenbahnbrücke** hindurch folgt man der Nidda flussaufwärts.

Im Naturschutzgebiet Nachtweid finden sich artenreiche Salzwiesen.

Weiter geht es nun durch die Ortschaft ❷ **Nieder-Florstadt** und an der Nidda entlang. Hinter Ober-Florstadt fährt man für 1,2 Kilometer etwas entfernter vom Fluss entlang der B 275, bis man vor Staden wieder links Richtung Nidda einschwenkt. Auf der linken Seite passiert man ein Fußballfeld und erreicht bald darauf das idyllische ❸ **Staden**. Der Stadtteil von Florstadt wird gerne auch als »Klein Venedig der Wetterau« bezeichnet. Wer sich fragt, wie Staden diesen Beinamen erhalten hat, der bekommt die Antwort im Stadtkern, wo sich die Seufzerbrücke über den Mühlbach spannt. Nachdem man die romantische kleine Stadt begutachtet hat, wendet man sich wieder Richtung Norden der Nidda zu, fährt kurz die Landstraße entlang, über den Fluss und gleich danach rechts auf den Weg, der die Nidda treu begleitet.

Ilbenstadt

Knapp vier Kilometer südlich vom Ausgangspunkt der Tour entfernt liegt Ilbenstadt. Ein kurzer Abstecher dorthin lohnt sich allemal: Zum einen lässt sich dort eine Bunkeranlage aus der Zeit des Kalten Krieges besichtigen, zum anderen beeindruckt die imposante Basilika Maria, St. Petrus und Paulus.

Der Weg führt an einem der bedeutendsten Schutzgebiete Hessens vorbei, der ❹ **Nachtweid von Dauernheim**. Mit etwas Glück kann man hier im Frühjahr und Herbst Kraniche beobachten. Und generell ist dieses Gebiet reich an beeindruckender Flora und Fauna. Man kann nicht oft genug erwähnen, wie schön die teils renaturierten Niddastreifen sind, die dann wieder abgelöst werden von feuchten Auen, worauf wiederum Acker und freie Flächen folgen. Auf dem Weg befindet sich linker Hand das Gebiet »Im üblen Ried bei Wallernhausen«; diesen Namen sollte man sich merken, da keine fünf Minuten weiter die Labstelle ❺ **Im Orbes** auf einen wartet. In deren Biergarten

findet sich ein guter Platz zum Ausruhen, und wen bereits der Hunger plagt oder wer sich nicht mit kalten Erfrischungen zufrieden zeigt, sei hier angehalten, den selbst gemachten Kuchen zu versuchen.

Nach dem Auftanken der Reserven fahren wir zurück, an der Wegkreuzung nach rechts und nach der Brücke dann den Salzbach entlang weiter bis zur Stadt Geiss-Nidda. Weiter geht es den Salzbach entlang nach Bad Salzhausen – das kleinste Staatsbad Hessens – zu, wohin sich ein Abstecher lohnt. Denn die brennenden Glieder können im Wellnesstempel entspannt werden, die 6 **Justus-von-Liebig-Therme** bietet hierfür Gelegenheit. Möchte man nur kurz verweilen, sollte man zumindest den Kurpark besuchen und das Wasserrad bestaunen.

Der Biergarten Im Orbes lädt zu einer kleinen Rast ein, bevor es weiter Richtung Justus-von-Liebig-Therme geht.

Ein Teil der Niddaroute führt auch durch die Wetterau.

In Bad Salzhausen kann man im malerischen Kurpark neue Kraft tanken.

Bevor man den Zug zurück nach Frankfurt nimmt, sollte man unbedingt in einem der vielen Cafés einkehren, um die Fahrradtour gemütlich ausklingen zu lassen. Empfehlenswert ist das Café im Park (Kurstraße 29), wo es allerhand Köstlichkeiten gibt. Und wer zu den Frühaufstehern zählt, dem sei das üppige Frühstücksbuffet am Sonntag ans Herz gelegt.

Die letzten Meter zum **A Bahnhof Bad Salzhausen** über die Straße »Im Park« gehen etwas steil bergauf, dafür kann man den Blick noch einmal über die Landschaft schweifen lassen.

Regionalpark Niddaroute

Die komplette Niddaroute misst knapp 100 Kilometer von der Quelle des Flusses im Naturschutzgebiet Hoher Vogelsberg bis zur Mündung in den Main in Frankfurt-Höchst. Neben der Natur wollen zahlreiche interessante Ortschaften entlang der Strecke, wie Staden, Bad Salzhausen, Schotten oder Ilbenstadt, besucht und erkundet werden. Infos: www.niddaroute.de

Die Route an der Nidda entlang führt von der Frankfurter City bis ins tiefste Grün der Natur.

28

Schloss Wolfsgarten

Eine Rundfahrt um Langen

Leicht 19 km 86/91 m 1.00 Std.

Tourencharakter
Die leichte Fahrradtour verläuft auf befestigten Wegen.

Ausgangs-/Endpunkt
S-Bahn-Station Langen-Flugsicherung, 63225 Langen (Hessen)

GPS
50.005735, 8.658563

Anfahrt
Mit der S3/S4 vom Frankfurter Hauptbahnhof in Richtung Darmstadt. Rückfahrt mit der S3/S4 Richtung Bad Soden/Kronberg

Einkehr
Wer Proviant dabeihat, macht ein Picknick mit Blick auf das Schloss Wolfsgarten. Ansonsten liegen an der Strecke eher wenige Möglichkeiten zur Einkehr. Ein Abstecher in den Langener Stadtkern kostet allerdings nur wenig Extrazeit.

Karte
Kompass: 3348 Frankfurt a. M. – Mainz – Rheinhessen, 1:70 000

Information
www.langen.de,
Tel. 06103/20 30

Selbst im dicht besiedelten Rhein-Main-Gebiet lässt sich viel Natur finden. Auf einer Tour um den Ort Langen herum führen die Wege durch Wälder und über Felder. Das Auge darf sich unter anderem am schönen Schloss Wolfsgarten erfreuen.

Rechte Seite: Start- und Endpunkt dieser Rundfahrt ist der Standort der Deutschen Flugsicherung in Langen.

Diese Route führt rund um das beschauliche Städtchen Langen.

Man startet die Radrunde bei der Ⓐ **S-Bahn-Station Langen-Flugsicherung**, die man mit der S-Bahn von Frankfurt aus in 20 Minuten erreicht. In Fahrtrichtung startet man nach rechts in die Robert-Koch-Straße und biegt nach 100 Metern in den Weg scharf rechts ab. Diesem folgt man auf der Brücke über die Eisenbahngleise weiter, um zur ❶ **Ringlandwehr Dreieich** zu gelangen. Dabei handelt es sich um natürliche Verteidigungswälle, die im späten Mittelalter die Funktion einer Mauer hatten und den Landesherren zum Schutz ihrer Gebiete und Ländereien dienten. Weiter geht es in südliche Richtung an der Winkelwiese vorbei und unter der Offenthaler Landstraße hindurch auf die Langener Seite. Da später ein Picknick vorgesehen ist, ist man gut beraten, falls man nicht ausreichend Proviant mitführt, in der Straße ❷ **An der Winkelwiese** noch die Supermärkte zu nutzen.

Sodann geht es nämlich wieder in grünere Gebiete, nach links in die Nördliche Ringstraße, danach kurz rechts in die Frankfurter Straße und von da aus links in die Karl-Nahrgang-Straße. Diese macht vor der Offenthaler Schnellstraße einen Knick in südlicher Richtung, dem man folgt. Dann fährt man auf der Teichstraße am Freizeit- und Familienbad vorbei. Von der Teichstraße

Schloss Wolfsgarten

Das von Landgraf Ernst-Ludwig von Hessen-Darmstadt 1721–1724 Schloss Wolfsgarten liegt in einem weitläufigen Schlossgarten. Allerdings bietet sich der Öffentlichkeit nur zweimal im Jahr die Gelegenheit, diesen von innen zu sehen und durch die englische Parkanlage zu spazieren: Im Frühjahr stehen vor allem die blühenden Rhododendren im Mittelpunkt, die in den 1930ern gepflanzt wurden. Im Herbst findet das Fürstliche Gartenfest statt, das durchaus empfehlenswert ist, wenn man es zeitlich so einplanen kann. Dabei handelt es sich um eine Gartenbaukunst-Messe, bei der es allerhand zu sehen gibt. Das Jagdschloss kommt ohne viel Prunk aus und fügt sich in die natürliche Landschaft. Besonders der historische Japanische Garten beeindruckt mit seinen exotischen Bäumen und Gewächsen. Auch die Bogenbrücke, die in der Mitte der Anlage ruht, bietet einen schönen Anblick. Weitere Infos: www.gartenfest.de/wolfsgarten

biegt man dann links in die Hügelstraße ein, die später die Kurt-Schumacher-Straße wird. Nun beginnt ein schöner Abschnitt mit vielen Bäumen und Wald, quer durch den Kirchnerseckgraben und die Darmstädter Straße querend.

Geradeaus weiter auf dem Grenzweg, rechts der Langener Straße folgend und schließlich westwärts fährt man der Attraktion der Route entgegen: dem Schloss Wolfsgarten. Zwischen Wald und Feld kann man sich an der Natur erfreuen. Nachdem die Gleise überquert sind, ist es auch nicht mehr weit und man kann nach einer Wiese Ausschau halten, auf der es sich gut eine Pause machen und ein kleines Picknick veranstalten lässt. Auch die Grünflächen um 3 **Schloss Wolfsgarten** herum bieten sich hierfür an. Zu dem Schloss führt die aus dem Wald kommende prächtige Zufahrtsallee durch den weitläufigen Landschaftspark auf das Schloss zu. Für den »gemeinen Radler« endet der Weg aber am großen Tor, sieht man von den zwei regelmäßigen Veranstaltungen im Jahr ab: der Rhododendrenblüte im Mai und dem Fürstlichen Gartenfest im Spätsommer.

Durch das Baumdickicht wendet man sich Richtung Norden, um – immer geradeaus – noch einen Abstecher zum 4 **Langener Waldsee** zu machen. Das Strandbad lockt mit Urlaubsflair und der See wird auch liebevoll als »hessisches Mittelmeer« betitelt. Wen es bereits wieder dürstet, für den ist am Imbiss für das leibliche Wohl gesorgt. Vom See aus fährt man in östlicher Richtung und biegt nach zwei Kilometern rechts ab. Nach weiteren 2,5 Kilometern hat man das Ziel der Tour erreicht, das mit dem Ausgangspunkt identisch ist: die E **S-Bahn-Station Langen-Flugsicherung**, wo man sich nach so viel Natur wieder an die städtische Umgebung gewöhnen kann.

Die Steinbogenbrücke bildet den Mittelpunkt des historischen Schlossgartens.

Mitte: Das Schloss Wolfsgarten in seiner ganzen Pracht

Linke Seite: Beim Fürstlichen Gartenfest des Schlosses Wolfsgarten ist für musikalische Unterhaltung gesorgt.

Ein Abstecher zum Langener Waldsee muss auch sein!

Langener Waldsee

Zu den beliebtesten Badeseen im Rhein-Main-Gebiet zählend bietet sich auch der Langener Waldsee hervorragend für eine Halbtages-Radtour an; die Strecke ist auch gut kombinierbar mit der zum Badesee Walldorf (s. Tour 19). Das Strandbad ist i. d. R. von Mitte Mai bis Mitte Sept. täglich von 8 bis 20.30 Uhr geöffnet. Hier startet auch Ende Juni/Anf. Juli der Triathlon »Ironman European Championship« mit etwa 3000 Athleten aus über 80 Nationen.

29

Tierische Tour in den Taunus

Vom Kobelt-Zoo zum Opel-Zoo

Mittel 19 km 87/372 m 1.30 Std.

Tourencharakter
Die Tour ist eine Teilstrecke des GrünGürtel-Radrundweges und fast durchgängig beschildert. Man bewegt sich auf sehr gut befahrbaren Rad-, Neben- und Waldwegen.

Ausgangs-/Endpunkt
Tram-Haltestelle Schwanheim Rheinlandstraße, 60529 Frankfurt a. M./S-Bahnhof Kronberg, 61476 Kronberg (Taunus)

GPS
50.082376, 8.581587

Anfahrt
Tram 12 vom Frankfurter Hauptbahnhof Richtung Rheinlandstraße bis zur Endhaltestelle. Rückfahrt vom S-Bahnhof Kronberg mit der S4

Einkehr
In Bad Soden lockt das Café Merci zwischen Bahnhof und Kurpark mit süßen Leckereien. Zwei Restaurants und mehrere Kioske versorgen die Zoobesucher im Opel-Zoo mit den nötigen Kalorien. Auf dem Weg zum Kronberger Bahnhof liegt das Mangia Mangia, wo man stilecht auf rotkarierten Tischdecken Pizza speisen kann.

Karte
Regionalpark RheinMain (Hrsg.): Freizeitkarte Taunushang, 1:30 000

Information
www.frankfurt-tourismus.de, Tel. 069/21 23 88 00; www.kobelt-zoo.de; www.opel-zoo.de, Tel. 06173/32 59 03 0

Auf dieser Fahrradtour sind sowohl Start- als auch Zielpunkt tierisch gut: Der Kobelt-Zoo im Stadtteil Schwanheim bildet den Ausgangspunkt der Tour. Über Schwalbach geht es dann in den Taunus bis nach Kronberg, wo der Opel-Zoo mit einer beeindruckenden Artenvielfalt auf die Radler wartet.

Von der Ⓐ **Tram-Haltestelle Schwanheim Rheinlandstraße** biegt man direkt auf die Schwanheimer Bahnstraße und hat wenige Meter später den ❶ **Kobelt-Zoo** bereits erreicht. Das besondere an ihm ist, dass die Anlage mit rund 300 Tieren ehrenamtlich betrieben wird, weshalb er auch nur von Mai bis September an Wochenenden und Feiertagen geöffnet ist.

Nach dem Zoobesuch geht es zurück zur Rheinlandstraße. Diese überquerend fährt man in »Alt-Schwanheim« ein. Am Ende der Straße biegt man rechts auf die Martinskirchstraße ab und folgt dieser bis zur Überquerungshilfe, die den Radfahrer sicher über die stark befahrene Straße »Schwanheimer Ufer« bringt. Anschließend hält man sich rechts Richtung Flussufer, an dem man dann circa zwei Kilometer am Main entlangfährt zur ❷ **Anlegestelle Schwanheim** der Fahrradfähre nach Höchst.

Entenleben im Kobelt-Zoo

Die Mainfähre verkehrt zwischen Schwanheimer Ufer und Höchst.

Mit ihr überquert man binnen weniger Minuten den Main (alternativ fährt man 700 Meter flussabwärts über die Leunabrücke). Auf der Gegenseite an der Fährstelle Höchst angekommen radelt man links die »Batterie« entlang, rechts auf die ❸ **Schützenbleiche** und dann zweimal links, bis man auf die Leunastraße trifft. In diese fährt man rechts ein und auf Höhe des Höchster Bahnhofs geradeaus weiter auf der Liederbacher Straße durch **Unterliederbach**, vorbei am ❹ **Marktplatz** mit ein paar Fachwerkhäusern. Nach knapp zwei Kilometern unterquert man die A66, biegt rechts und gleich darauf links auf den Radweg ab. Hier geht es unweit des Main-Taunus-Zentrums durch die Felder, bis man am fünften Wegabzweig rechts abbiegt, unter der B8 hindurch und ❺ **Am Main-Taunus-Zentrum** links auf den Radweg, der an der L3266 entlangführt.

So radelt man bis nach Bad Soden, wo es dann auf der Königsteiner Straße am 6 **Bahnhof Bad Soden** vorbei links auf die Kronberger Straße geht. Kurz vor dem Bad Sodener Krankenhaus geht es links und direkt im Anschluss rechts. Man überquert die Landstraße und fährt auf der L3015 an Schwalbach vorbei, bis es links auf die Kronthaler Straße geht; dann die nächste Straße 7 **Im Kronthal** rechts und Richtung Kronberg. Weiter auf dem Scheibenbuschweg fährt man einen Kilometer durch ein Waldstück und biegt nach gut einem Kilometer links auf den Philosophenweg ab. Wenige Meter weiter biegt man erneut links ab und kommt so zum 8 **Opel-Zoo**. Mit seinen weitläufigen Gehegen lohnt sich ein Besuch für Jung und Alt, für Stärkung sorgt das Zoorestaurant Sambesi.

Auf der Strecke nach Kronberg radelt man auch durch Bad Soden.

Nach dem Zoobesuch geht es zunächst denselben Weg am Rentbach entlang zurück Richtung Kronberg, links in die Talstraße über die Katharinen- und die Bleichstraße, vorbei am Viktoriapark, zum E **S-Bahnhof Kronberg**.

Rechte Seite: Im Viktoriapark in Kronberg, darüber wacht die gleichnamige Burg.

Im Opel-Zoo geht die tierische Entdeckungstour weiter.

30 Zum Obsthof Steinberg

Von Frankfurt nach Bad Vilbel und darüber hinaus

Der Weg zum Obsthof Steinberg führt von der Konstablerwache aus über Seckbach und Bad Vilbel, wo man sich an der Hassia-Quelle erfrischen kann. Weiter geht es durch die grüne Landschaft zu dem etwas höher gelegenen Ziel, wohin der Weg sich aber allemal lohnt!

Mittel 19 km 127/84 m 1.00 Std.

Tourencharakter
Die mittelschwere Fahrradtour verläuft auf größtenteils befestigten Wegen. Eine gute Grundkondition ist empfohlen, denn es gibt auch steilere Streckenabschnitte.

Ausgangs-/Endpunkt
S- und U-Bahn-Station Konstablerwache, 60313 Frankfurt a. M. / Bahnhof Bad Vilbel, 61118 Bad Vilbel

GPS
50.114788, 8.687837

Anfahrt
Mit der U4 und U5 vom Frankfurter Hauptbahnhof. Rückfahrt mit der S6 oder den Regionalzügen

Einkehr
Ziel der Route ist der Obsthof Steinberg, der Gelegenheit zur Einkehr bietet. Der Weg dorthin führt durch Bad Vilbel, wo die Auswahl an Restaurants nicht klein ist.

Karte
Regionalpark RheinMain (Hrsg.): Freizeitkarte Hohe Straße, 1:40 000

Information
www.frankfurt-tourismus.de, Tel. 069/21 23 88 00; www.bad-vilbel.de, Tel. 06101/ 60 22 46

Rechte Seite: Kurz nach dem Start der Tour durchquert man den Bethmannpark in der Frankfurter Innenstadt.

Mitten in Bad Vilbel, auch »Stadt der Quellen« genannt, findet man die Überbleibsel einer alten Wasserburg.

Vom Startpunkt, der Ⓐ **U-Bahn-Station Konstablerwache**, geht es in nördliche Richtung die Konrad-Adenauerstraße, die dann zur Friedberger Landstraße wird, entlang. Allerdings nicht lange, denn nach dem Bethmannpark lenkt man das Rad in den Mauerweg, von dem aus man der zweiten Straße linker Hand, der ❶ **Elkenbachstraße**, folgt. Vorbei am Martin-Luther-Platz ändert die Straße ihren Namen von der Burgstraße in »Im Prüfling«, die durch den Stadtteil Bornheim führt. Um auf der Straße »Im Prüfling« zu bleiben, hält man sich »Am Rosengärtchen« links.

Nach einer Zeit kommt man über die Autobahnüberführung, die Wilhelmshöher Straße aufwärts, geradewegs in den Ort Seckbach. Besonders schön ist das ❷ **Seckbacher Rathaus**, ein gut erhaltenes Fachwerkhaus, das heute ein Baudenkmal ist. Ein weiteres Highlight ist die evangelische Marienkirche im Stil des Barock. Ihr spitzer grüner Turm ragt auffällig in den Himmel und auch ein kurzer Spaziergang über den historischen Friedhof ist empfehlenswert. Im Ortskern selbst erwartet die Besucher historisches Flair mit vielen Fachwerkhäusern und Gässchen.

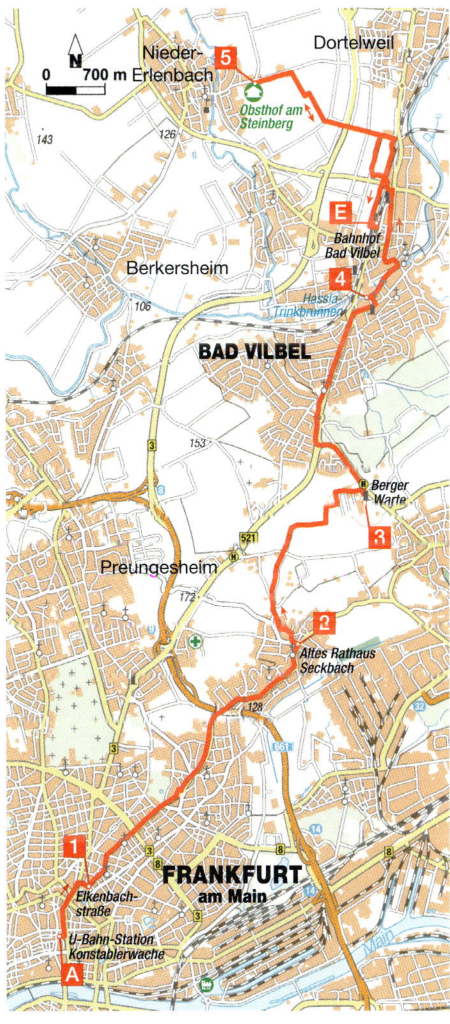

Um die Kondition ein wenig zu fordern und zu fördern, geht es nach dem Zwischenstopp weiter den Hausberg empor. Beim Rathaus biegt man links in die Hofhausstraße, um dann von der Hintergasse rechts den Hausberg emporzufahren. Nach dem Berger Weg hält man sich rechts, um über die Straße Am Galgen zu der Ehrensäule Bergen Enkheim zu gelangen. Vor der Vilbeler Landstraße biegt man in den Weg rechts ab und landet bei der ❸ **Berger Warte** und somit dem höchsten Punkt des Frankfurter Stadtgebiets.

Nachdem man die Aussicht genossen hat, schwingt man sich wieder aufs Rad und gelangt über die Vilbeler Straße und dann östlich über die Frankfurter Straße nach Bad Vilbel, das von der Nidda durchflossen wird und wo es sich gut innehalten lässt. Beim ❹ **Hassia-Trinkbrunnen**,

Hassia-Quelle

Das bekannte Mineral-Sprudelwasser erhielt seinen Namen nach der lateinischen Bezeichnung »hassia« für Hessen. Das Ganze geht auf Johann Philipp Wilhelm Hinkel zurück, der das Brunnenunternehmen 1864 gründete. Der Hassia-Brunnentempel im Kurpark wurde nach einer gelungenen Bohrung im Jahr 1936 erbaut. Seit 1955 ist das calciumreiche Quellvorkommen staatlich anerkannte Heilquelle.

dessen Name im Ohr klingt, handelt es sich um eine Mineralquelle, deren Geschichte über 150 Jahre zurückreicht. Wer außer seinem leiblichen Durst auch den geistigen stillen möchte, kann an einer Werksführung teilnehmen und das Quellenmuseum besichtigen, das sich auf der Gießener Straße befindet.

Nach der Erfrischung geht es rechts der Nidda entlang, am Spielplatz vorbei und links in die Friedberger Straße, deren Verlauf man folgt. Von der Friedberger Straße biegt man links in die Büdinger Straße, fährt unter den Gleisen hindurch und danach rechts in die Siemensstraße von der aus ein Weg links abzweigt, der geradewegs zum Obsthof am Steinberg führt. Nun wartet der letzte Teil der Tour: Den Berg hinauf geht es zum Ziel, wo die Belohnung der körperlichen Betätigung unter schattigen Bäumen wartet. Wer des Bergaufradelns müde ist, kann das Rad auch schieben; dann sind es nur mehr zehn Minuten, und der 5 **Obsthof am Steinberg** ist erreicht. Kinder können sich hier auf dem Spielplatz austoben, während die Großen – was bietet sich zwischen den

Rechts: Die Quelle, für die Bad Vilbel bekannt ist: die Hassia-Quelle

Im Hassia-Quellenmuseum wird die spannende Geschichte des gleichnamigen Unternehmens präsentiert.

Apfelbäumen mehr an – Ebbelwoi genießen. Auch kulinarisch wird man hier bestens versorgt und findet Snacks und Leckerbissen, die das leibliche Wohl garantieren. Wer nichts dem Zufall überlassen mag und an Unterhaltung interessiert ist, kann sich vorab informieren. Denn es gibt ein umfangreiches Programm, das gerade mit Kindern spannend sein kann und sich großartig mit dem Radausflug verbinden lässt. Sonst heißt es – die Füße und die Seele baumeln lassen und die idyllische Umgebung im Grünen genießen. Wer sich auch nach dieser Radtour noch an kulinarischen Souvenirs erfreuen möchte, der ist bestens im Hofladen aufgehoben, wo es eine riesige Auswahl an verschiedenen frischen Obstsorten gibt.

Mit ausreichend Proviant für die Rückreise kann man sich im Hofladen eindecken.

Links: Der anstrengende Teil der Tour hat sich gelohnt: Oben angekommen erwartet den Radler ein leckeres Vesper auf dem Obsthof am Steinberg.

Nun kann man, wenn man Lust hat, die Tour noch um ein paar Meter verlängern und die Straße »Am Steinberg« weiter nach Nieder-Erlenbach radeln. Oder man nimmt direkt den gleichen Weg zurück nach Bad Vilbel, wo man auf der Friedberger Straße schon den Bahnhofsplatz erblicken kann. Am E **Bahnhof Bad Vilbel** steigt man dann in die S-Bahn zurück nach Frankfurt.

Obsthof am Steinberg

Hinaus aus der Stadt und mal wieder einen richtigen Apfelbaum sehen – das kann man auf dem Obsthof am Steinberg in Nieder-Erlenbach. Darüber hinaus kann man sogar eine Patenschaft für einen Baum übernehmen. Fürs leibliche Wohl sorgen Schoppenwirtschaft und Hofladen. Infos: www.obsthof-am-steinberg.de, Tel. 06101/98 75 72 5

Für jeden Tag die richtige Tour

1	●	Wasserhäuschen-Tour	17 km	43/67 m	1.00 Std.	●	●	●	●	●
2	●	Malerviertel und Museumsufer	5 km	22/22 m	0.30 Std.	●	●	●	●	●
3	●	Für Feinschmecker	17 km	41/41 m	1.30 Std.	●	●	●	●	●
4	●	Zum Alten Flugplatz	13 km	34/17 m	1.00 Std.	●	●	●	●	●
5	●	Die Campustour	11 km	81/46 m	1.00 Std.	●	●	●	●	●
6	●	Auf Goethes Spuren	10 km	51/53 m	1.00 Std.	●	●	●	●	●
7	●	Industriepark Höchst	11 km	11/9 m	0.45 Std.	●	●	●	●	●
8	●	Durch den Stadtwald	22 km	92/154 m	2.00 Std.	●	●	●	●	●
9	●	Lohrberg-Sprint	7 km	115/115 m	0.45 Std.	●	●	●	●	●
10	●	Der nördliche GrünGürtel	25 km	124/48 m	2.00 Std.	●	●	●	●	●
11	●	Flughafen-Tour	15 km	32/33 m	1.00 Std.	●	●	●	●	●
12	●	Brentano-, Nidda- und Grüneburgpark	16 km	60/60 m	1.00 Std.	●	●	●	●	●
13	●	Apfelwein-Tour	32 km	124/91 m	2.30 Std.	●	●	●	●	●
14	●	Das Neue Frankfurt	16 km	33/31 m	1.00 Std.	●	●	●	●	●
15	●	Freilichtmuseum Hessenpark	25 km	136/447 m	2.30 Std.	●	●	●	●	●
16	●	Hölderlinpfad	24 km	88/88 m	1.15 Std.	●	●	●	●	●
17	●	Kloster Seligenstadt	45 km	133/72 m	2.15 Std.	●	●	●	●	●
18	●	Zur Künstlerkolonie	30 km	67/120 m	2.00 Std.	●	●	●	●	●
19	●	Walldorfer See und Langener Waldsee	13 km	34/35 m	1.00 Std.	●	●	●	●	●
20	●	Die Kahler Seenplatte	27 km	63/64 m	2.00 Std.	●	●	●	●	●

			Länge	Höhenunterschied	Fahrzeit	Einkehr	kindergeeignet	Sehenswürdigkeit	schattiger Weg	ÖPNV
21	●	Nach Mainz	25 km	104/75 m	2.00 Std.	●	●	●	●	●
22	●	Schlosspark Philippsruhe	21 km	26/16 m	1.30 Std.	●	●	●	●	●
23	●	Staatspark und Bärensee	31 km	70/67 m	2.00 Std.	●	●	●	●	●
24	●	Waldschwimmbad Rüsselsheim	25 km	42/48 m	1.30 Std.	●	●	●	●	●
25	●	Großer Feldberg	24 km	830/80 m	2.30 Std.	●	●	●	●	●
26	●	Von Mühlheim nach Rodgau	21 km	83/56 m	2.00 Std.	●	●	●	●	●
27	●	Niddaradweg	26 km	112/156 m	1.30 Std.	●	●	●	●	●
28	●	Schloss Wolfsgarten	19 km	86/91 m	1.00 Std.	●	●	●	●	●
29	●	Tierische Tour in den Taunus	19 km	87/372 m	1.30 Std.	●	●	●	●	●
30	●	Zum Obsthof Steinberg	19 km	127/84 m	1.00 Std.	●	●	●	●	●

Piktogramme erleichtern den Überblick

Länge

Höhenunterschied

Fahrzeit

Einkehr

kindergeeignet

Sehenswürdigkeit

schattiger Weg

ÖPNV

Nachwort

Jetzt ist es endlich so weit: Das lange Warten hat ein Ende und das zweite Buch, das ich über meine Lieblingsstadt schreiben durfte, erscheint. Nach einem »klassischen« Stadtführer, der Frankfurts besondere Seiten zeigt, hatte ich nun die Möglichkeit, meine zahlreichen Entdeckungsreisen auf zwei Rädern auf Papier zu bringen.

Daran freut mich besonders, dass ich Frankfurt in all seinen Facetten präsentieren kann: Die hier empfohlenen Fahrradtouren zeigen die großstädtischen Seiten der Mainmetropole in Form beeindruckender Architektur genauso wie die versteckten und idyllischen Ecken in Parks und Wäldern. Manche der Touren laden sogar dazu ein, das wunderschöne und ebenfalls überaus interessante Umland im Rhein-Main-Gebiet zu erkunden! Von Abstechern nach Bayern, in den Taunus und sogar ins rheinland-pfälzische Mainz ist alles dabei, was das Entdecker-Herz höherschlagen lässt.

Laura Bachmann

Mich freut es unheimlich, die Schönheiten Frankfurts und seiner Umgebung in einem Buch zusammengefasst zu sehen!

An dieser Stelle möchte ich mich auch ganz herzlich bedanken. Und zwar zum einen beim Team vom Bruckmann Verlag, das mir überhaupt die Möglichkeit gegeben hat, dieses Projekt umzusetzen. Darüber hinaus geht ein riesiges Dankeschön an meinen Agenten Martin sowie an Anne, Charlotte, Christina, Julia, Stefanie und Victoria, die mir stets den Rücken freigehalten haben.

Panoramablick über den Weinberg am Lohrberg auf die Mainmetropole

Register

An der idyllischen Niddamündung in Höchst

Bildnachweis

Alle Fotos stammen von der Autorin, außer:

S. 4, 14 o., 32/33: Uwe Dettmar, Goethe-Universitat Frankfurt; 9, 81 o.: Mainturm; 14 u., 27 u.: Weingut Rollanderhof in der Kleinmarkthalle; 15 o., 23 l.: Museum Giersch der Goethe-Universität; 21 o.:_Meyer Catering & Service GmbH; 21 u.: Kath. Kirchengemeinde St. Bonifatius; 22, 36/37 M.: Norbert Miguletz, Städel Museum; 23 r.: Museum für Kommunikation Frankfurt; 24: Kathi Krechting k.fotografie&artdesign, gramm.genau GmbH; 27 o.: Apfelweingaststätte Atschel; 29: Tower; 30: Rafael Herlich; 37 r.: Städel Museum; 39: LVR-Industriemuseum; 40 u.: DSD/Karbouskaya; 41 u.: Horst Scheuner; 42 u., 51 u.: MainÄppelHaus Lohrberg; 43 o., 62, 64 u., 65 o., 81 u.: Stadt Offenbach; 49: BERGstation; 56 o.: Frankfurt Airport; 58: FörderVerein PetriHaus e.V.; 66 o.: Ingo E. Fischer; 66 u.: Christoph Gahmann; 71 u.: Tobias Koch, Goethe-Universität Frankfurt; 73, 79: Kilian Schönberger, Verwaltung der Staatlichen Schlösser und Gärten; 74: Römerkastell Saalburg; 75: Michael Himpel; 82 o.: Roland von Gottschalck, Medienzentrum Hanau; 82 u.: Förderkreis Historisches Seligenstadt e. V.; 82 l.: Matthias Neubauer; 89 o.: Fotoscouts Rüsselsheim; 90, 127 u.: Stadt Langen; 97: Frank Möllenberg, Kunst- und Kulturstiftung Opelvillen Rüsselsheim; 103: David Seeger, Hanau Marketing GmbH; 107 u.: Pizzeria Brasserie am Bärensee; 109: KelsterBar; 109 r.: Frank Huter, Stadt Rüsselsheim am Main; 111 o., 118: Rainer Prause; 111 u., 135 l: Obsthof am Steinberg; 113: Zum Lahmen Esel; 116: WikiCommons; 117 WikiCommons; 119 o.: Sabine Hooke, Magistrat der Stadt Rodgau; 119 u.: Döbert's Wirtshaus; 120: Naturschutzgebiet Wetterau # Josef Tiefenbach; 120: Im Orbes; 123 o.: Fouad Vollmar, Kurpark Bad Salzhausen; 126: Carina Jirsch; 134 l.: Hassia-Quellenmuseum; 136: Pia Simon Photograpy. Shutterstock: S. 2: Ungvari Attila; 5, 7, 18 l., 28, 40/41 o., 44, 53: Rainer Lesniewski; 6 o.: Sergey_S; 6 u.: Kletr; 10: Mario Hagen; 11: Ralph Lear; 12: Travelerpix; 13, 15 u.: Sergio Delle Vedove; 17: Jordi C; 18 r.: arTono; 25, 56 u., 86 l.: travelview; 26 r.: Lukassek; 34, 60 o.: eugeniusro; 35, 46 u., 47: Volker Rauch; 36 l.: orinocoArt; 42 o.: Harald Lueder; 43 u.: Pradeep Thomas Thundiyil; 46 o.: Mariia Boiko; 48: Martin Bergsma; 50, 51, 112: Frank Wagner; 55, 78: Klaus Jung; 57: pisces2386; 60 u., 133: Adriana Iajob; 61: Dmitry Eagle Orlov; 64, 132: Lapping Pictures; 65 u., 139: Pavel Metluk; 67 o.: Video Media Studio Europe; 67 u., 68, 69, 70, 76, 87: Claudio Divizia; 71 o.: Kevin George; 72: Sergey Izotov; 84: Copula; 85, 93, 106, 106/107 M., 115: Sina Ettmer Photography; 86/87 M.: Lev Levin; 88 o.: Philip Lange; 88 u.: snrb-fotografie; 89, 130 o.: Moskwa; 94: H-AB Photography; 95 u.: StockLynx; 95 o.: Jan Wehnert; 96: mese.berg; 98 u.: C. Nass; 98 o.: Edda Dupree; 99: Harald Landsrath; 100: BigRoloImages; 101: manfredxy; 104, 122 u., 123 u., 134 r.: Circumnavigation; 107 o. r.: Scott Sanders; 110 o.: Olga P Galkina; 114: Andreas Jung; 124: LesPalenik; 125: nitpicker; 126/127 M.: Bildgigant; 127 o. r.: Bertold Werkmann; 128, 130 u.: PG Pew Morris; 131: Jo Chambers; 141: Roka; 143: Nate Hovee

Umschlagvorderseite: Mainpromenade und Westhafentower
© Sandra Raccanello/Schapowalow

Umschlagrückseite: Angler an der Nidda bei Höchst
© Ralph Lear/Shutterstock

Und noch einmal, weil
sie so imposant ist:
die Frankfurter Skyline.

Impressum

Verantwortlich: Johannes Abdullahi
Redaktion, Lektorat und Satz: Christian Steinmaßl
Layout: Eva-Maria Klaffenböck
Repro: LUDWIG:media
Kartografie: Bruckmann Verlag GmbH, Heidi Schmalfuß
Herstellung: Bettina Schippel
Printed in Slovenia by Florjancic

Sind Sie mit diesem Titel zufrieden? Dann würden wir uns über Ihre Weiterempfehlung freuen. Erzählen Sie es im Freundeskreis, berichten Sie Ihrem Buchhändler, oder bewerten Sie bei Onlinekauf. Und wenn Sie Kritik, Korrekturen, Aktualisierungen haben, freuen wir uns über Ihre Nachricht an den Bruckmann Verlag, Postfach 40 02 09, D-80702 München oder per E-Mail an lektorat@verlagshaus.de.

Unser komplettes Programm finden Sie unter

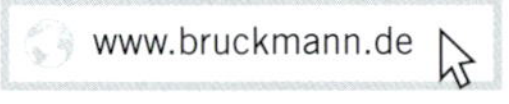

Alle Angaben dieses Werkes wurden von der Autorin sorgfältig recherchiert und auf de neuesten Stand gebracht sowie vom Verlag geprüft. Für die Richtigkeit der Angaben kan jedoch keine Haftung übernommen werden, weshalb die Nutzung auf eigene Gefahr er folgt. Insbesondere bei GPS-Daten können Abweichungen nicht ausgeschlossen werden Sollte dieses Werk Links auf Webseiten Dritter enthalten, so machen wir uns die Inhalt nicht zu eigen und übernehmen für die Inhalte keine Haftung.

In diesem Buch wird aus Gründen der besseren Lesbarkeit das generische Maskulinum ver wendet. Weibliche und anderweitige Geschlechteridentitäten werden dabei ausdrücklic mitgemeint, soweit es für die Aussage erforderlich ist.

Empfehlung der Redaktion
Sie sind auf der Suche nach weiterführender Literatur? Dann empfehlen wir Ihnen de Titel »Waldpfade Frankfurt« von Antje Bayer. Oder Sie werfen einen Blick in die Zeitschrif BERGSTEIGER. Hier werden Sie bestimmt fündig.

Die Deutsche Nationalbibliothek verzeichnet diese Publikation in der Deutschen Natio nalbibliografie; detaillierte bibliografische Daten sind im Internet über http://dnb.d-nb.d abrufbar.

Infanteriestraße 11a
80797 München

ISBN 978-3-7343-1474-2